Andreas Neuhaus / Kirsten Zünkler

Erste-Hilfe-Koffer
Beratungsgespräche führen

To-dos, Checklisten, Vorlagen

Cornelsen

Herausgeber

Dr. Peter Jansen war Deutschlehrer und Schulleiter eines Gymnasiums; er arbeitet u. a. in der Lehrerfortbildung, als Privatdozent für Didaktik der deutschen Sprache und Literatur an der Universität Hamburg und als Schulbuchautor.

Autoren

Andreas Neuhaus ist Diplompsychologe. Seit 1997 arbeitet er als Schulpsychologe in der Schulpsychologischen Beratungsstelle des Kreises Paderborn.

Kirsten Zünkler ist Diplom-Sozialarbeiterin und Kinder- und Jugendlichenpsychotherapeutin. Seit 1987 arbeitet sie in der Schulpsychologischen Beratungsstelle des Kreises Paderborn als systemische Familientherapeutin und Supervisorin.

Projektleitung: Franziska Wittwer, Berlin
Redaktion: Marion Clausen, Berlin
Grafik: Kristina Wiedemann, Berlin
Umschlagkonzept: Claudia Adam, Graphic-Design, Darmstadt
Umschlaggestaltung: LemmeDESIGN, Berlin
Umschlagillustration: © Yahia LOUKKAL – Fotolia
Layout/technische Umsetzung: Julia Walch, Bad Soden

www.cornelsen.de

1. Auflage 2015

Druck: H. Heenemann

ISBN 978-3-589-15687-0

PEFC zertifiziert
Dieses Produkt stammt aus nachhaltig bewirtschafteten Wäldern und kontrollierten Quellen.
www.pefc.de
PEFC/04-31-1156

INHALT

VORWORT

„Auch das noch!" Kennen Sie das Gefühl, dass die sogenannten „Beratungsgespräche" mit Schülern oder Eltern eher vertane Zeit sind, weil sie nichts bringen außer Unverständnis und manchmal sogar Ärger? Und denken Sie vielleicht auch: „Das liegt in der Natur der Sache! Eltern und Schüler wollen eigentlich keinen Rat; sonst müssten sie diesem Rat ja folgen und sich eventuell verändern. Mehr noch: Der Rat für die meisten Fälle ist doch offensichtlich: Kümmern Sie sich mehr um die eigenen Kinder, unterstützen Sie die Lehrer bei ihrer Arbeit, wirken Sie auf die Kinder ein, damit diese fleißiger und konzentrierter arbeiten. Dazu braucht man keine Beratungsgespräche!"

Vielleicht haben Sie in der Praxis bereits schlechte Erfahrungen mit Beratungsgesprächen gemacht: Eltern hören nicht hin, sondern verteidigen ihren Sprössling, auch wenn sich das monierte Verhalten ihres Kindes durch nichts rechtfertigen lässt.
Manche Eltern geraten sogar in Rage und machen Schule und Lehrern – und damit auch Ihnen – unqualifizierte Vorwürfe.
Und die Schüler wissen zwar, was sie tun müssten. Aber das wollen sie gerade nicht und bleiben daher beratungsresistent.
Oder ist es Ihnen so ergangen, dass Sie im Gespräch gemerkt haben, dass Sie nicht genau wissen, wie Beratungsgespräche erfolgreich geführt werden können, worauf Sie dabei achten müssen, was effizient und was eher störend ist, kurz: dass Sie darin noch Hilfe benötigen?
Wenn Sie trotz oder sogar wegen Ihrer schlechten Erfahrungen lernen möchten, **wie** Sie **Beratungsgespräche erfolgreich führen** können, dann finden Sie in dem vorliegenden Buch konkrete Strategien, praktische Hilfe und ein tragfähiges Konzept.

Nach diesem Vorwort stellen wir Ihnen die wichtigsten Grundlagen für erfolgreiche Beratungsgespräche gleichsam in einem Kurzlehrgang vor. Diese knappe **AUFGABENANALYSE** können Sie aber auch überspringen und gleich mit den To-do-Listen beginnen und die ersten Arbeitsschritte tun.
Entscheiden Sie selbst, wie Sie vorgehen möchten. Wir empfehlen Ihnen allerdings, die Aufgabenanalyse dann später noch zu lesen; es fallen Ihnen vielleicht einige Dinge auf, die Sie anders machen oder zukünftig weglassen wollen. Vielleicht wird Ihnen dabei auch erst richtig klar, warum bestimmte Arbeitsschritte und deren Reihenfolge so wichtig sind.
Weil wir Ihnen möglichst konkret helfen wollen, bieten wir Ihnen mit den **TO-DO-LISTEN** ein **Arbeitsprogramm** an, das sich in der Praxis bewährt hat. Folgen Sie den Listen Schritt für Schritt und lernen Sie dabei alle wichtigen Aufgaben und Tätigkeiten für und in Beratungsgesprächen kennen, ebenso wie eine sinnvolle Reihenfolge der Arbeiten. Wenn Sie unseren **Arbeitsschritten** folgen, können Sie sicher sein, dass Sie die wesentlichen Dinge bedacht haben. Wenn sich in Ihrer Praxis eine andere Reihenfolge ergibt, die Ihnen stimmiger erscheint, dann probieren Sie diese aus. Der Erfolg gibt Ihnen Recht. Andernfalls können Sie immer wieder auf die hier vorgeschlagene Schrittfolge zurückkommen.

Viele Aufgaben, die bei der Planung und Durchführung von Beratungsgesprächen auf Sie zukommen, sind komplex bzw. auch ungewohnt, z. B.: Beratungsgespräche beginnen, hilfreiche Fragen stellen, aktiv zuhören etc. Diese Aufgaben erfordern Kreativität und Konzentration und natürlich auch Übung.

Aber keine Sorge! Im **WERKZEUGKASTEN** finden Sie hilfreiche Hinweise, Muster, Checklisten etc., die Ihre Arbeit erleichtern sollen, jeweils zu einem Planungs- und Durchführungsaspekt zusammengestellt. Diese Werkzeuge sind durchnummeriert (M1, M2, M3 etc.). Diese Kennzeichnungen tauchen als Verweise an den passenden Stellen in den To-do-Listen auf, damit Sie schnell das Benötigte im Werkzeugkasten finden; denn auf den Seiten des Werkzeugkastens sehen Sie oben auf einen Blick, welche Materialien und Werkzeuge hier abgedruckt sind.

Wir wollen Ihnen aber nicht nur *sofort* helfen, obwohl diese „Soforthilfe" im Mittelpunkt steht, sondern auch *nachhaltig*, damit Sie bei der Planung oder bei der Durchführung des nächsten Beratungsgespräches sogleich wissen, was und wie getan werden muss, was tunlichst unterlassen werden sollte, was sich bewährt hat oder nicht.
Von daher möchten wir Sie im letzten Teil zur **EVALUATION** anregen.

Und wir möchten Ihnen Mut machen: Ihr Einsatz lohnt sich!

Es ist ein gutes Gefühl, bestens vorbereitet in ein Beratungsgespräch zu gehen und dieses kompetent zu führen. Damit ist nicht gemeint, dass nun jedes Beratungsgespräch so verläuft, wie Sie es sich wünschen. Dafür sind Beratungsgespräche zu komplex. Aber wenn Sie gut vorbereitet sind und verschiedene Strategien kennen und beherrschen, dann können Sie flexibler auf unerwartete Hindernisse eingehen, ohne dass das Beratungsgespräch in seinen Fundamenten gestört wird und ohne die Lösungsorientierung aus den Augen zu verlieren. Gut und umfassend vorbereitet können Sie die meisten Beratungsgespräche einfacher, konfliktfreier und lösungsorientiert durchführen. Natürlich macht Übung dabei den Meister.

Viel Erfolg bei Ihren Beratungsgesprächen!

Mai 2015
Andreas Neuhaus und Kirsten Zünkler

** Es sind selbstverständlich stets beide Geschlechter gemeint, auch wenn nur eine Form wegen der besseren Lesbarkeit verwendet wird.*

AUFGABENANALYSE

Zwei Beispiele aus Beratungsgesprächen

„Herr Müller, kommen Sie doch rein ... nehmen Sie Platz. Schön, dass Sie diesen Termin einrichten konnten ..."
Das Gespräch hatte so gut begonnen und trotzdem war das Ergebnis wieder nicht befriedigend. Herr Müller hörte sich zunächst ruhig Ihre Beobachtungen an, um Sie dann unvermittelt anzugreifen, unmögliche Forderungen zu stellen und am Ende sogar mit seinem Anwalt zu drohen. Sie lassen das Gespräch nochmal Revue passieren und suchen die Stelle, an der es aus dem Ruder lief:
„Herr Müller, ich mache mir seit einiger Zeit Gedanken um Ihren Sohn. *(Es ist doch nicht verboten, sich Gedanken zu machen, ...)* Er ist so ein intelligentes Kind und könnte wirklich gute Leistungen bringen. Aber er ist so dermaßen faul und total unorganisiert. Er vergisst sein Sportzeug, obwohl er Sport angeblich so liebt. Die Hausaufgaben erledigt er höchstens zweimal in der Woche. Und dazu ist er noch unglaublich frech. Vor mir als Klassenlehrerin hat er ein wenig Respekt, aber was meine Kollegen erzählen, erschüttert uns alle. *(Stimmt doch!)*" An dieser Stelle hörte Herr Müller noch aufmerksam zu. *(Jetzt kann ich ihm doch gleich meinen Plan mitteilen.)* „Deshalb haben wir als Kollegium auf der Schulkonferenz entschieden, dass Lukas einen Denkzettel braucht. Wir haben als pädagogische Maßnahme beschlossen, dass er eine Woche lang in seine Parallelklasse versetzt wird." *(Herr Müller schaut mich so stirnrunzelnd an. Ich muss wohl deutlicher werden.)* „Hören Sie, Herr Müller, ich habe Ihren Sohn gerettet. Einige Kollegen hätten es gern gesehen, wenn wir ein Förderschulaufnahmeverfahren eingeleitet hätten. Das Verhalten Ihres Sohnes ist wirklich untragbar." Herr Müller holte tief Luft und griff Sie mit harten Worten lautstark an: „Können Sie mir mal erklären, wieso ich jetzt erst darüber informiert werde? Meine Frau war an jedem Elternsprechtag hier und hat mit Ihnen gesprochen. Beim letzten Gespräch war doch alles gerade besser geworden. Wenn es wirklich so schlimm wäre, hätten Sie mich informieren müssen." *(Ich kann doch nicht jeden Tag mit 10 Eltern sprechen. Was denkt der sich eigentlich?)* „Herr Müller, ich habe 29 Kinder in der Klasse ..." „Aber Sie kümmern sich um keines richtig." *(Unverschämt! Was bildet der sich ein?)* „Das muss ich mir von Ihnen nicht vorwerfen lassen." „Jedenfalls wollen Sie Lukas doch nur loswerden; etwas anderes fällt Ihnen nicht ein. Ich werde jedenfalls nicht zulassen, dass Sie meinen Sohn in eine andere Klasse schicken. Und wenn Sie ihn zur Sonderschule abschieben wollen, lernen Sie meinen Anwalt kennen, darauf können Sie sich verlassen." *(Hilfe! ... Ist das blöd gelaufen!)*

Solche Gespräche sind glücklicherweise selten im Schulalltag, aber sie kommen vor und lassen sich nicht so leicht abschütteln. Möglicherweise verfolgen sie uns bis in den Schlaf. Wir stellen uns Fragen: Habe ich mich genügend auf das Gespräch vorbereitet? Was habe ich jetzt wirklich zu befürchten? An welcher Stelle wäre das Gespräch zu retten gewesen? Was genau hätte ich tun können? Was hätte ich sagen oder fragen können? ...

Wir kennen nicht nur die „Symmetrische Eskalation" wie im gerade beschriebenen Beispiel, sondern auch die „Komplementäre Eskalation", bei der sich die eine Person hoch- und die andere herunterschaukelt. Machen wir dies am Beispiel eines Gesprächs mit einem Schüler deutlich: Sie rufen Natalie zu sich, weil sie seit einiger Zeit im Unterricht kaum noch mitmacht. Von Ihren Kollegen haben Sie gehört, dass Natalie auch häufiger dem Unterricht fernbleibt. „Natalie, ich mache mir große Sorgen um dich. Du warst so eine interessierte Schülerin bis Ostern. Was ist mit dir los?" Natalie zuckt mit den Achseln, antwortet aber nicht. Sie versuchen es nochmal. „Natalie, ich habe im Klassenbuch gesehen, dass du auch häufig gefehlt hast. Das muss doch einen Grund haben." Natalie schaut auf ihre Füße. „Natalie, so kommen wir nicht weiter. Wenn ich dir helfen soll, musst du mir sagen, was los ist." Natalie schweigt weiter. „Natalie, wenn du nicht mit mir sprechen willst, muss ich deine Eltern informieren." Natalie weint leise, sagt aber immer noch nichts. „Ja dann muss ich deine Eltern informieren, Natalie. Das werde ich jetzt gleich tun." Natalie dreht sich um, läuft weg. Sie bleiben zurück und machen sich Sorgen, was Natalie jetzt tun wird. Sie fragen sich, ob es richtig ist, die Eltern zu informieren. Sie können gar nicht mehr anders. Sie haben es ja schon angedroht. Sie wollten eigentlich gar nicht drohen. Was ist nur falsch gelaufen?

Kritikgespräche wie oben oder Krisengespräche gelingen besser, wenn sie gut vorbereitet werden. Was gehört nun zu einer guten Vorbereitung dieser Gespräche?

Warum ist Beratung in der Schule wichtig?

Beraten gehört wie Unterrichten, Bewerten und Erziehen zu den originären Aufgaben einer Lehrkraft in allen Bundesländern (so z. B. in der Allgemeinen Dienstordnung für Lehrer und Lehrerinnen, Schulleiter und Schulleiterinnen an öffentlichen Schulen (ADO) für das Land Nordrhein-Westfalen, siehe § 4 Abs. 1 und 38 Abs. 1 ADO – BASS 21-02 Nr.4).
Während fachdidaktisches und fachwissenschaftliches Wissen im Studium erworben werden kann, werden angehende Lehrkräfte im Studium in Bezug auf den Erwerb von Beratungsfertigkeiten jedoch allein gelassen.
Fehlendes Wissen und fehlende Fertigkeiten können zu unterschiedlichen Verhaltensweisen der Lehrkräfte im Alltag führen. Wer kennt nicht die Lehrkräfte, die nach dem Unterricht sofort ihre Tasche packen, ins Auto steigen und nach Hause fahren, um möglichen Anfragen von Schülerinnen und Schülern oder Kolleginnen und Kollegen systematisch aus dem Weg zu gehen. Diese schützen sich auch dadurch, dass sie telefonisch für Eltern nur mit Mühen oder auch gar nicht erreichbar sind.
Andere Lehrkräfte sind Beratungsanfragen gegenüber durchaus aufgeschlossen, nutzen aber in den Gesprächen die gleichen Techniken, die sie vom Unterrichten, Bewerten und Erziehen kennen. Sie kombinieren *gut gemeinte Ratschläge* wie „Machen Sie doch mal Folgendes: …!" oder *klare Ansagen* wie „Du musst aber auch …" mit *rhetorischen Fragen*: „Du beschreibst wieder nur die Fehler der anderen… und was hast du gemacht?" oder sogar *Schuldvorwürfen*: „Warum hast du das so gemacht und hast nicht daran gedacht, dass …?"

Führen diese „Beratungs"-Gespräche nicht zum gewünschten Erfolg, befolgen die Ratsuchenden ihre Ratschläge z. B. nicht, kann es sein, dass die Lehrkräfte ihre Mühen nicht gewürdigt sehen. Statt zu schauen, was sie vielleicht anders machen könnten, machen sie häufig *mehr desselben*, also noch mehr, noch „bessere" Ratschläge oder sie suchen nach noch besseren Argumenten, ihr Gegenüber zu überzeugen. Nicht selten eskaliert so eine Situation entweder komplementär, d. h., der Ratsuchende zieht sich immer mehr zurück, oder symmetrisch, indem der Ratsuchende zu Gegenvorwürfen ausholt.

Lehrkräfte, die Beratungstechniken gelernt haben, gehen *mit einer anderen Haltung* in das Gespräch: **Sie geben Ratsuchenden das Gefühl, sie verstehen zu wollen.** *Sich-verstanden-Fühlen* ist eine Voraussetzung dafür, eigenes Verhalten in Frage zu stellen und nach neuen Lösungen zu suchen. Viele Ratsuchende wissen schon, was sie tun müssten, um ein Problem zu lösen. Beratung kann ihnen helfen, verschiedene Lösungen abzuwägen, die Umsetzung zu planen und Energie dafür zu bündeln.
Diese Überlegungen halten wir deshalb für so wichtig, weil Beratung in der Schule in den letzten Jahren immer mehr an Bedeutung gewonnen hat. Die klaren hierarchischen Strukturen gibt es nicht mehr, immer mehr Entscheidungen müssen ausgehandelt werden. Zudem hat die Anzahl psychischer Probleme deutlich zugenommen. Dieser gesellschaftliche Trend macht auch vor der Schule nicht Halt. Das Thema „Inklusion" wird diesen Trend auch nicht aufhalten, sondern im Gegenteil zu noch mehr Beratungsbedarf führen. Lehrkräfte, die sich darauf vorbereitet haben, sind ganz klar im Vorteil.

Welche Arten von Beratung gibt es?

Beratung in der Schule richtet sich an Schüler, Eltern und Kollegen. Schülerinnen und Schüler sind sicherlich am häufigsten im Gespräch mit Lehrkräften. Unzählige Themen können hier Anlass sein: plötzlicher Leistungsabfall, nicht erledigte Aufgaben, nicht vorhandene Materialien, Streit mit Mitschülern, unangemessenes Verhalten im Unterricht. Meistens sind es hier aber die **Lehrkräfte, die ein Gespräch einfordern**. Diese Beratungsgespräche sind schon vom Ansatz her schwieriger, da Schülerinnen und Schüler in diesen Gesprächen meistens kein eigenes Interesse und kein eigenes Ziel haben. Beratungsgespräche dieser Art müssen eingeübt werden, damit sie trotzdem zum Erfolg führen.

Wenn wir im Folgenden bei den Beratungsgesprächen häufig von **Ratsuchenden** sprechen, obwohl Schüler in der Regel gar nicht das Beratungsgespräch *suchen*, sondern Sie als Lehrkraft das Gespräch einfordern, dann hat das einen einfachen Grund: Durch sein Verhalten äußert der Schüler indirekt, dass er von sich aus mit der Situation und/oder dem Problem nicht zurechtkommt. Sie als Lehrer sehen die Situation, in der der Schüler steckt, und interpretieren dies unter pädagogischer Perspektive als Zeichen dafür, dass dem Schüler geholfen werden muss, damit fertig zu werden. Bereits diese Perspektive verändert das (pädagogische) Verhältnis zwischen Ihnen als Lehrer und dem Schüler: Dieser begegnet Ihnen nicht primär als einer, der stört, weniger Leistung zeigt, seine Materialien nicht mitbringt etc., sondern als jemand, der einen Rat sucht, mit diesen „Auffälligkeiten" fertig zu werden.

Gespräche mit Eltern gehören nicht unbedingt zu den täglichen Aufgaben und können meist etwas besser vorbereitet werden. Da sind einmal die Gespräche am Elternsprechtag, in denen die Lehrkräfte häufig mehr informative Aufgaben übernehmen. Handelt es sich um voraussichtlich schwierigere Gespräche, ist es sinnvoller, sich mehr Zeit zu nehmen. Wir haben es möglicherweise mit sehr unterschiedlichen Wahrnehmungen bei Eltern und Lehrkräften zu tun. Die Aufgabe ist es, aus den Wünschen zweier unterschiedlicher Parteien ein **gemeinsames Ziel** zu entwickeln.
Gespräche mit Kolleg(inn)en können dann einfacher sein, wenn man nicht persönlich betroffen ist, da man sich als Beratender ganz auf den Prozess der Beratung konzentrieren kann. Handelt es sich aber um einen Konflikt mit einem Kollegen und die Lehrkraft ist emotional

selbst involviert, kann es sogar schwieriger sein als mit Eltern, da man den Kollegen täglich begegnen muss. In diesem Fall sollte man ebenfalls gut vorbereitet sein.

Lehrkräfte haben es also nicht nur schwer, *Beratungsfertigkeiten* zu erwerben, sondern treffen auf **besondere Herausforderungen der Beratung**:

- unterschiedliche Zielgruppen,
- mit noch unterschiedlicheren Erwartungen, Wünschen, Forderungen, Zielen,
- die dann auch noch mit den eigenen Zielen vereinbart werden müssen.

Das Beratungskonzept der Schule

Das Beratungskonzept regelt die Zuständigkeiten und die Zusammenarbeit der Personen und Institutionen, die Beratung in und für eine Schule anbieten. Dazu gehören Klassenlehrkräfte, Fachlehrkräfte, Beratungslehrkräfte, Vertrauenslehrkräfte, Mediencoachs, Drogenberatungslehrer, die Schulleitung, eventuell Schulsozialarbeiter(innen), Schulpsycholog(inn)en, Erziehungsberatungsstellen, Jugendämter etc. Für die Ratsuchenden ist es eine große Hilfe, wenn sie wissen, bei welchen Problemen sie sich an welche Person wenden sollten. Eine Odyssee von einem zum anderen wird im Sinne der Ratsuchenden und der Beratenden vermieden. Von daher gehört zu jeder Schule ein in der Schulöffentlichkeit bekanntes Beratungskonzept.

Aber nicht nur die Ratsuchenden profitieren von einem Beratungskonzept, sondern auch die Personen, die Beratung anbieten. Unschöne Situationen, die sich aus Unter- oder Überlastung oder aus Kompetenzgerangel ergeben, werden durch ein gut strukturiertes Beratungskonzept vermieden, das in Zusammenarbeit mit allen Beteiligten der Schule entwickelt wird. Dazu einige Hinweise: Die Beratung sollte zunächst dort stattfinden, wo das zu lösende Problem entsteht. Hierfür haben sich einige Strukturen in der schulischen Praxis herausgebildet:

- Der **Klassenlehrer** berät Schüler und Eltern bei **pädagogischen** Problemen – etwa im Sozialverhalten der Klasse (Einhaltung von Regeln, respektvoller Umgang mit Mitschülern, tolerante Einstellung zu Unterschieden und Meinungen etc.), zur Schul- und Leistungseinstellung (regelmäßiger und pünktlicher Unterrichtsbesuch, Vorbereitung des Unterrichts durch Erledigung der Hausaufgabe, pfleglicher Umgang mit den Materialien etc.), im allgemeinen Lernverhalten etc.
- Der **Fachlehrer** berät Schüler und Eltern bei **fachlichen** Problemen – etwa bei fachlichen Defiziten oder Leistungseinbrüchen, über fachliche Anforderungen und Strategien etc. Natürlich lassen sich in der Regel fachliche Probleme *nicht* von pädagogischen Problemen *trennen*, vielfach bedingen sie sich sogar gegenseitig; dennoch ist es angebracht, beide Problemkreise zu *unterscheiden*. Der Fachlehrer sollte sich auf die Lösung der fachlichen Probleme konzentrieren. Wenn er jedoch den Eindruck hat, dass die fachlichen Probleme in erster Linie durch pädagogische Probleme bedingt sind, dann sollte er mit dem Klassenlehrer Kontakt aufnehmen und die Beratungssituation mit ihm klären.
- Der **Beratungslehrer** berät Schüler und Eltern bei **schulfachlichen** Problemen – etwa über unterschiedliche Leistungsprofile (A-, B- oder C-Kurse), über Kursangebote (Erweiterungs- und Differenzierungskurse) und über unterschiedliche Schulabschlüsse (einschließlich der Berufs- und Studienorientierung). Diese Beratung findet zunächst allgemein für die Klasse, den Kurs, die Stufe statt. Wenn eine Einzelfallberatung angesagt oder gewünscht wird, ist es wichtig, dass der Beratungslehrer Kontakt mit dem Klassenlehrer und/oder den Fachlehrern aufnimmt, um die konkrete Beratungssituation zu klären.

In manchen Schulen gibt es auch **Beratungslehrer**, die **für die Beratung bei speziellen Problemen** ausgebildet und dafür in der jeweiligen Schule zuständig sind – etwa bei Suchtproblemen, familiären Problemen, Krisensituationen, gesundheitlichen Problemen. Diese Beratungslehrer sind besonders qualifiziert – z. B. für präventive und fördernde Maßnahmen im Hinblick auf die Lösung von Lern- und Verhaltensproblemen und für die Förderung besonderer Begabungen.

Diese Unterscheidungen und Differenzierungen der Beratungsaufgaben in der Schule unterstreicht, wie wichtig ein schuleigenes Beratungskonzept ist. Aber: Wenn dieses Beratungskonzept wirksam werden soll, dann müssen mehrere Bedingungen beachtet werden:

- Wirksame Beratung ist auf die **Zusammenarbeit aller Beteiligten** angewiesen.
- Das **schuleigene Beratungskonzept** muss das Ergebnis eines schulinternen Diskussions- und Einigungsprozesses sein. „Es enthält verbindliche Zielvereinbarungen und Verfahrensabsprachen und zeigt, wie unterschiedliche pädagogische, psychologische und soziale Beratungsangebote innerhalb und außerhalb der Schule genutzt werden können." (NRW BASS 12-21 Nr. 4)
- Das schuleigene Beratungskonzept wird von der **Schulkonferenz verabschiedet** und bei Bedarf fortgeschrieben.
- Dieses Beratungskonzept muss so **veröffentlicht** sein, dass es allen Beteiligten auch bekannt ist – z. B. in den Klassen ausgehängt, zum Beginn eines Schuljahres in der Klasse besprochen.
- Und dieses Beratungskonzept muss im Schulalltag auch von allen Beteiligten beachtet werden – damit ist zunächst und vor allem gemeint: dass die zuständigen Personen auch ihre **Beratungsaufgabe** (rechtzeitig und regelmäßig) **wahrnehmen**; aber damit ist auch gemeint, dass sie die Grenzen ihrer Beratungsaufgabe beachten und einen ständigen Kontakt zu anderen Beratungsbeauftragten (Klassenlehrer, Fachlehrer, Beratungslehrer, Schulleitung) halten.

Vom Unterrichtenden zum Beratenden

Lehrkräfte haben in ihrem anspruchsvollen Beruf mehrere „Hüte" auf. Unbestritten ist, dass von einer Lehrerpersönlichkeit viele Fähigkeiten gefordert werden. Diese scheinen manchmal in einem direkten Widerspruch zueinander zu stehen: Einerseits den Kindern ihre Einzigartigkeit und das Selbstbestimmungsrecht zuzugestehen, andererseits aber auch erzieherische Verantwortung für das Handeln der Schülerinnen und Schüler zu tragen. Einerseits den Einflussbereich von Familien und anderem sozialem Umfeld auf ein Kind zu akzeptieren, andererseits aber auch die Auswirkungen im Unterricht jeden Tag zu spüren und damit umzugehen. Ganz besonders stark ist dieser Widerspruch dann deutlich, wenn eine Lehrkraft Eltern oder Schülerinnen und Schülern beratend zur Seite steht. Wird im Unterricht zumeist eine sehr eindeutige Hierarchie gefordert – wobei sich hieraus nicht automatisch Macht oder gar ein Machtmissbrauch ableiten lassen kann –, ist eine Lehrerin oder ein Lehrer in der Beratung „an der Seite" des zu Beratenden. Wir werden im Folgenden sehen, dass Beratung ein **Paradigmenwechsel in der Haltung** bedeutet, die Lehrkräfte ihrem täglichen Handeln zugrunde legen müssen:

URSACHENFORSCHUNG	➪	LÖSUNGEN VISIONIEREN
ZURÜCKWEISUNG	➪	POSITIVE WERTSCHÄTZUNG
RATSCHLÄGE GEBEN	➪	FRAGEHALTUNG EINNEHMEN
STANDPUNKT ERLÄUTERN	➪	ZIELE ERARBEITEN LASSEN
DEFIZITORIENTIERUNG	➪	RESSOURCEN ERKENNEN

Die **lösungsorientierte** Beratung, um die es hier im Schwerpunkt geht, forscht nicht nach Ursachen für ein Problem, sie stellt die Erarbeitung von Lösungen in den Mittelpunkt.
Kritik und Tadel für ein Verhalten wird abgelöst durch eine **Wertschätzung** des Ratsuchenden. Das Leitmotiv hierbei ist die Suche nach „guten" Motiven oder Gründen für ein Verhalten und die unbedingte Suche nach Komplimenten und Bestätigung.
Lehrkräfte sind die Experten für ihr Fach und auch in der pädagogischen Führung von Kindern. In der Beratung hingegen sind sie mit dem Ratsuchenden (wir sprechen in der Schulpsychologie vom „Klienten") **auf Augenhöhe**. Die lösungsorientierte Beratung sieht den Ratsuchenden als Experten für die Lösung zu seinem Problem. Er ist ein gleichberechtigter Partner im Prozess.
Im Unterricht stellen Lehrkräfte Fragen, deren Antwort sie bereits kennen. Die Schüler werden dabei oftmals durch Hinführung zum Ziel gebracht wie zu versteckten Ostereiern („kalt"-„wärmer"-„heiß!"). **Fragen** in der Beratung sind hingegen aus der Haltung heraus formuliert, tatsächlich unkundig in der Antwort zu sein. Sie sind daher von Neugier und **aufrichtigem Interesse** geprägt.
Ziele im Unterricht ergeben sich durch die Lehrpläne und die individuelle Planung der Lehrkräfte. Lehrerinnen und Lehrer bestimmen die „Marschrichtung" und sie setzen durch ihre Professionalität die Standpunkte, sie sind (nach altem Bild) die „Träger des Wissens". In der Beratung nimmt sich eine Lehrkraft komplett aus dieser Rolle des Führenden heraus und stellt die **Bedürfnisse und Ziele des Ratsuchenden** in den Vordergrund.
Schließlich sind Lehrkräfte im Alltagsgeschäft auch immer wieder gefordert, die Kinder zu motivieren. Lob und Bekräftigung sind dabei wichtige Instrumente. Lehrer benennen aber auch die Fehler und Schwierigkeiten, damit Schüler wissen, woran sie – mit Hilfe – noch arbeiten müssen und wie sie sich im Verhältnis zu anderen einstufen können. Dieses wird oben etwas überspitzt mit „Defizitorientierung" ausgedrückt. Ein wesentlicher Teil von Beratung besteht allerdings darin, den Ratsuchenden in seiner **Eigenbefähigung zur Lösung** des Problems zu stärken.
Wertschätzung und Komplimente sind dabei unbedingt notwendig, ergänzend dazu ist auch die Frage nach **Ressourcen** wichtig. Woher zieht ein Ratsuchender in schwierigen Situationen seine Kraft und wie erhält er diese? Welche Personen sind gute Unterstützer? Schlicht und ergreifend ist dabei die Frage: „Wie schaffst du/schaffen Sie das alles"? Ressourcenfragen sind von der Grundidee geleitet, dass Ratsuchende in der Regel schon genug ihren Problembereich kennen und benennen können. Die Beratung versucht hier, den Blick auch wieder auf das Positive, das Stärkende zu richten.

Wir meinen, dass sich die systemisch-lösungsorientierte Beratung für den Schulbereich sehr eignet. Wie diese im Einzelnen aussehen kann, wird in den To-do-Listen in einzelnen Arbeitsschritten aufgelistet.

Welche Bedeutung haben Ereignisse?

Wir sind es gewohnt, in Ursache-Wirkung-Zusammenhängen zu denken. „Er ist zu dick, also hat er zu viel gegessen.“; „Er hatte einen Unfall – war er unaufmerksam?“; „Sie hat eine schlechte Note in Mathematik – ist sie zu dumm oder zu faul?“
Unser tägliches Leben ist bestimmt von der Suche nach Ursachen. Wir sind der Überzeugung, dass wir die Lösung eines Problems gefunden haben, wenn wir die Ursache entdeckt haben. Dies mag hilfreich sein, wenn es wirklich nur *eine* Ursache gibt und nicht viele verschiedene, die sich auch noch gegenseitig beeinflussen. Auf jeden Fall gilt es nur solange, bis wir verschiedene Menschen nach ihrer Ansicht, die Ursache betreffend, befragen. Nehmen wir das Beispiel eines Vater-Sohn-Konflikts. Aus der Sicht des Vaters stellt sich das Problem so dar, dass er seinen Sohn hart bestraft, weil sein Sohn ständig lügt. Der Sohn ist aber der Ansicht, dass er nur lügt, weil sein Vater so hart straft. Beide haben Recht. Es kommt auf die sogenannte **Interpunktion** der Ereignisse an, einen Gedanken von Gregory Bateson, den Watzlawick, Beavin und Jackson in ihrem Buch *Menschliche Kommunikation* weiterspinnen. Je nachdem, welches der Ereignisse zuerst da war, hat der eine oder der andere Recht. Diese Frage zu klären, wäre jedoch genauso aussichtslos wie die Frage, ob die Henne oder das Ei zuerst da waren.
Viel hilfreicher in Bezug auf die Beratung dieser Familie wäre, mit beiden zu überlegen, was sie jeweils tun könnten, um die Situation zu entschärfen. Bei dieser Frage geht es nicht mehr um Ursachen und damit Schuldzuweisungen, sondern um die Frage nach Lösungen.

Auf den Standpunkt kommt es an

Es gibt in der Beratung über ein Problem mindestens zwei Standpunkte – den des Ratsuchenden (Schüler/Eltern) und den des Beraters. Welche Sichtweise ist dabei die Richtige? Für die Beratung ist die Frage eher geeignet: Welche Sichtweise ist nützlich?
In vielen Beratungsgesprächen werden die individuellen Sichtweisen nicht unbedingt zum Problem. Schwierig wird es dann, wenn die Wahrnehmung und die Deutung unterschiedlich verlaufen.
Die Frage, an der manche Beratungsgespräche immer wieder scheitern können, ist: Wer hat Recht? Was ist wahr?
Was wir über uns und die Welt denken, ist nicht objektiv, sondern immer eine subjektive Wirklichkeit. Wie ich etwas beschreibe, denke und bewerte, ist nicht zwangsläufig deckungsgleich mit dem, wie andere das tun. Der eine sieht –im übertragenen Sinne – manchmal nur die Vase, der andere nur die Gesichter.

(Fotolia.com – © Fiedels)

Wahrnehmung führt dazu, dass wir uns daraus „unsere" Wirklichkeit konstruieren und vieles dabei auch ausblenden. Manche Dinge sind gar nicht immer im Fokus der Wahrnehmung. Oft genug haben wir einen blinden Fleck. Zum Beispiel können Sie sich fragen: Wie sitze ich gerade? Erst mit dieser Frage werden Sie möglicherweise Ihre Sitzposition genauer wahrnehmen.

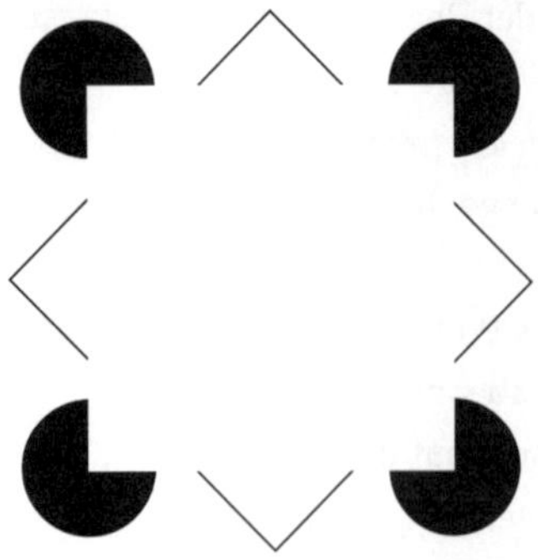

(Fotolia.com – © Flixelpix)

Manchmal konstruiert das Gehirn auch Dinge, die es in der Realität gar nicht gibt! In dem Bild erkennen wir ein weißes Viereck, obwohl dort keine Verbindungslinien vorhanden sind. Diese Konstruktionsprozesse lassen sich von visuellen auch auf kognitive Prozesse übertragen. Wir schätzen den anderen, die Situation ein und treffen Entscheidungen aufgrund von Teilinformationen und **hinreichend sinnvollen Konstruktionen**.
Woran liegt es, dass wir versuchen, unsere Wahrnehmung in ein Raster zu packen und sich daraus oft schnelle Schlüsse und Lösungen ergeben? Menschen brauchen Ordnung und Orientierung. Es gehört zur menschlichen Natur, Kategorien zu bilden. Diese Kategorien sind eine Art Sortiersystem wie Schubladen, die uns helfen, Ordnung herzustellen. Kommt etwas Neues in unseren Erfahrungsbereich, versuchen wir es immer mit dem abzugleichen, was wir schon kennen. Das ist aus Sicht des Gehirns ökonomisch. Es schont Kapazitäten.
Wenn ich auf dem Spaziergang einem Tier begegne, das mit lautem Gebell und gefletschten Zähnen auf mich zu gerannt kommt, weiß ich aus meiner Erfahrung, dass es sich um einen angriffslustigen Hund handelt, auch wenn mir dieser Hund oder möglicherweise diese Rasse noch nie begegnet ist. In jedem Fall löst diese rasche Kategorienbildung bei mir Angstreaktionen aus, die zu sofortiger Flucht oder Angriff führen kann. Über den Verstand ergibt sich also eine emotionale Bewertung, die wiederum zu Handlungsweisen führt.

Begegnet Ihnen im Unterricht ein verhaltensauffälliges Kind, ergibt sich oft ein Füllhorn innerer Deutungsmuster, warum dieses Kind so ist, weil Sie aus anderen Kontexten solche Kinder kennen. Aus diesen Deutungen resultieren dann die Handlungsmuster, wie Sie mit diesen Kindern umgehen werden.
Diese Schubladen können zu einer Grundüberzeugung, einem Motto werden und das Leben mal erleichtern, mal aber auch schwer machen. „Ich kann mich in Gruppen nicht durchsetzen", „die Jugendlichen werden immer schlimmer", „die Kollegen mögen mich nicht" – wer sich von solchen Glaubenssätzen leiten lässt, verändert auf Dauer in bestimmten Situationen die Emotionen und schlussendlich das Verhalten. Es kann damit zu einer selbsterfüllenden Prophezeiung werden. Paul Watzlawik (2009) hat dies in seiner bekannten Geschichte des Mannes mit dem Hammer metaphorisch verdeutlicht. Ein Mann möchte sich von seinem Nachbarn einen Hammer leihen, traut sich jedoch nicht. Er redet sich ein, der Nachbar habe etwas gegen ihn. Immer mehr steigert er sich in diese negativen Einschätzungen, bis er dem Nachbarn entgegenschreit: „Sie können den Hammer behalten". Bestimmt wird der Nachbar nicht erfreut reagieren.

Dieses Denken in Kategorien oder in Schubladen wird für uns zum Glaubenssystem, zu Grundüberzeugungen, wie die Welt funktioniert. Und es ist, wenn es einmal gefestigt ist, ziemlich stabil und schwer zu ändern.
In der Beratung ist es jedoch wichtig, die eigenen Bewertungen und Sichtweisen zunächst zurückzustellen und die Sicht des anderen zu sehen, zu verstehen.
Deshalb geht es in der Beratung nicht um die Frage, wer hat Recht, sondern insbesondere darum, herauszufinden, worin die subjektive Wirklichkeit des anderen besteht.
Der lösungsorientierte Berater hält sich zunächst mit seiner eigenen Bewertung, mit seinen eigenen Kategorien zurück und hilft dem Ratsuchenden durch Fragen, neue Deutungsmöglichkeiten selber zu entdecken. Fragen sollen dem Gegenüber helfen, die Dinge anders zu betrachten, neue Gesichtspunkte aufzudecken. Wenn der Ratsuchende es selber schafft, durch geeignete Fragen für sich ein neues System zu entwickeln, das ihn aus seinen alten Handlungsmustern herausführt, ist eine Beratung erfolgreich.

Beraten ist nicht überreden!

Wie leicht zu ersehen ist, geht die von uns vorgeschlagene Beratung auf einige Grundannahmen zurück, die hier (in dieser kurzen Aufgabenanalyse) nicht diskutiert werden können, die aber in aller Kürze benannt werden sollen: Wir vertreten einen systemischen Ansatz in der Beratung, weil wir davon ausgehen, dass man über diesen Ansatz besondere Möglichkeiten aufgreifen kann, um Entwicklungsprozesse pädagogisch zu fördern. Die zentrale pädagogische Förderungsmöglichkeit bei Entwicklungsprozessen, die sich aus der systemischen Therapie ergibt, liegt in den Möglichkeiten der Beratung. Zwischenzeitlich gibt es verschiedene Richtungen der systemischen Beratung; dennoch lassen sich übergreifend einige Grundstrukturen festmachen.
Zunächst wird in der systemischen Beratung eine **konstruktivistische Perspektive** vertreten: Jedes Individuum hat sich seine Lebens- und Erkenntniswelt selbst konstruiert. Es richtet sein Handeln und Denken an dieser subjektiven Sichtweise aus, weil es diese Sichtweise für „richtig“ hält. Sodann wird im Sinne der **Systemtheorie** darauf abgehoben, dass sich in der Interaktion von Individuen regelhafte Abläufe herausbilden, die sich sinnvoll ergänzen und zur Erhaltung des Interaktionssystems beitragen. Weiterhin ist gerade die aktuelle Kommunikation und Interaktion wichtig, wenn Probleme oder Störungen auftreten. In dieser Kommunikation treten alle Informationen auf, die für die Problemkonstellation wichtig sind. Und von daher liegt auch dort der Schlüssel für eine Lösung. Und daraus ergibt sich schließlich die **Lösungsorientierung** der systemischen Beratung: Es werden keine Ursachen gesucht, noch die Entstehungsgeschichte aufgearbeitet und erst recht nicht eine Schuldfrage gestellt. Aus diesen Grundstrukturen ergeben sich die typischen Formen der lösungsorientierten Intervention: das systemische Fragen, das Reframing, Ressourcen- statt Defizitorientierung, Verhaltensverschreibung (paradoxe Intervention).

Mit Fragen zum Ziel

Ziel eines Beratungsgespräches ist es, ein Ziel zu entwickeln, sei es auch noch so klein. Am komfortabelsten ist die Situation für den Berater, wenn er gar keine eigenen Ziele hat. Dann kann er sich ganz dem Beratungs*prozess* widmen, wie es bei Beratungslehrkräften der Fall ist. In diesem Fall kann sich die Lehrkraft den Zielen der Ratsuchenden anschließen und ihnen helfen, ihre eigenen Ressourcen zu nutzen, eigene Ziele zu erkennen und Schritte zu einer Lösung zu planen.

Häufig hat man als Lehrkraft im Beratungsgespräch jedoch eigene Ziele, z. B. soll ein Schüler an sein Unterrichtsmaterial denken und seine Hausaufgaben erledigen. In so einem Fall sitzt die Lehrkraft mit zwei verschiedenen Rollen im Gespräch, der eines weiteren Ratsuchenden und der des Beratenden. Zudem haben Sie es in diesem Fall oft mit sehr *unterschiedlichen* Zielen zu tun. Die Eltern wünschen z. B., dass die Lehrkraft sich verantwortlich fühlt, weil sie doch die pädagogische Fachkraft ist, die Lehrkraft, dass die Schülerin, der Schüler mehr Verantwortung übernimmt und die Eltern dafür Sorge tragen, dass dies passiert. Beide Seiten haben Vorschläge, die sich auf die jeweils anderen beziehen. Lehrkräfte müssen einerseits achtgeben, allein „den Karren zu ziehen“, also Aufträge anzunehmen, die sie gar nicht annehmen wollen oder können, und andererseits aufpassen, selbst keine Aufträge zu vergeben, die die anderen nicht annehmen wollen, vielleicht auch nicht können. Solche Aufträge sind zum Scheitern verurteilt, weil jeder Ratsuchende alles tun wird, den Auftrag zu torpedieren. Jedes Scheitern eines Beratungsgespräches belastet jedoch die weitere Zusammenarbeit.
Was aber ist sinnvoll, um die ***Zusammen*arbeit** zu stärken? Fragen Sie! Fragen Sie sich selbst, was Sie erreichen möchten, aber auch was Sie schon getan haben oder bereit sind zu tun! Fragen Sie aber auch die Ratsuchenden nach ihren Vorannahmen, Erwartungen, Befürchtungen und Wünschen, um dann ***gemeinsam* ein passgenaues Ziel** zu entwickeln. Dies sollte ein Ziel sein, für das sich alle Beteiligten stark machen können und wollen, ein Ziel, bei dem alle den Karren gemeinsam ziehen. Werden Ratsuchende gefragt, fühlen sie sich ernst genommen. „Was haben Sie bisher schon versucht? Was hat geholfen? Was war gut? Was bräuchten Sie, um den Prozess nochmal anzustoßen? Was erwarten Sie von mir? Was möchten Sie erreichen?“ Die für solche Fragen aufgewendete Zeit ist sehr sinnvoll investiert. Sie geben dem Beratungsgespräch gleich eine positive Richtung dadurch, dass man Interesse an dem Gegenüber signalisiert. Der Boden für ein gemeinsames Ziel ist geebnet.
Und nicht zuletzt: Indem Sie mit dieser neuen Haltung nicht der Allwissende, sondern ein Berater/Begleiter sind, entsteht eine Entlastung, den Karren nicht mehr selber ziehen zu müssen, sondern den Beratenden selber ans Steuer zu setzen.

Lösung statt Problem

Sieht man sich einer problematischen Situation gegenüber, z. B. einem Schüler, der sich selbst und seine Mitschüler ablenkt, ist es ein übliches Vorgehen, nach Erklärungen für diese Situation zu suchen, um die Ursache beheben zu können. Eltern, Schüler und Lehrkräfte haben jedoch häufig sehr unterschiedliche Erklärungen wie: „Der Schüler ist nicht gut erzogen worden.“ – „Der Schüler bekommt zu wenig Schlaf.“ – „Der Schüler ist krank, hat ADS.“ – „Die Lehrkraft hat die Klasse nicht im Griff.“ – „Die anderen Schüler stören mich und lenken mich ab.“

Wir können davon ausgehen, dass alle Beteiligten sich im Vorfeld schon auf eine Erklärung festgelegt und nach Bestätigungen für die eigene Erklärung gesucht haben. Dies ist *normales* menschliches Verhalten. Es ist auch menschliches Verhalten, die Ursache eher bei den anderen Beteiligten als bei sich selbst zu suchen.
Kommen diese Menschen dann im Beratungsgespräch zusammen und jeder hat unterschiedliche Ideen, wie das Problem entstanden ist, kommt dies oft wie ein Schuldvorwurf bei dem anderen an. Schuldvorwürfe führen jedoch nur selten zum Eingeständnis, sondern eher zur Verteidigung oder zu Gegenvorwürfen.

Nicht nur die Suche nach Ursachen führt zu Schuldvorwürfen, sondern auch das Erteilen von Ratschlägen, auch wenn sie wirklich gut gemeint sind. Ratschläge geben dem Gegenüber das Gefühl, bisher etwas versäumt zu haben. Denken Sie daran, dass ein Ratschlag für den Menschen gegenüber auch wie ein Schlag wirkt oder wirken kann. Es passiert nicht oft, dass jemand, der einen Rat*schlag* bekommt, sagt: „Prima, genauso werde ich dies machen. Vielen Dank!" Der Zeitersparnis wegen ziemlich schnell Ratschläge zu erteilen, macht also wenig Sinn.
Sinnvoller ist es, sich und die anderen Ratsuchenden zu fragen, **was erreicht werden** soll. Hierbei kann schneller Einigung erzielt werden, da alle Beteiligten das Beste für das Kind wollen. Fragen Sie dann, **was bisher schon versucht** wurde, um dies zu erreichen. Würdigen Sie die bisherigen Lösungsversuche. Sammeln Sie erst dann Ideen, **was noch probiert** werden kann. Sie vermeiden Machtkämpfe, wenn alle Ideen nebeneinander stehen können.

Stärken statt Defizite

Ein weiterer Grundsatz der lösungsorientierten Beratung ist es, die Stärken und Ressourcen von Menschen und Systemen in den Vordergrund zu stellen. Schon Johann Wolfgang von Goethe sagte: *„Behandle die Menschen so, wie sie sein sollten, und du hilfst ihnen zu werden, was sie sein können"*. Wir gehen davon aus, dass die Vorannahmen, mit denen ich in ein Gespräch gehe, einen großen Einfluss auf den Gesprächsverlauf haben. Gehe ich z. B. davon aus, dass die Eltern wenig kooperativ sein werden, wappne ich mich vor diesem Gespräch, halte mich an den scheinbar objektiven Daten im Notenbuch fest, nehme jede Kleinigkeit wahr, die mir bestätigt, dass die Eltern wenig kooperativ sind. Die Sorge der Eltern, deren Befürchtungen und Erwartungen beachte ich kaum noch. Die Eltern nehmen mich als wenig wertschätzend wahr und reagieren damit, sich ebenfalls zu wappnen. Gehe ich dagegen davon aus, dass die Eltern kooperativ sein werden, kann ich sie nach ihren Erwartungen und Wünschen fragen, ohne Sorge zu haben, dass sie von mir Unmögliches verlangen oder mir Ärger machen. Die Eltern fühlen die Wertschätzung, die ich ihnen und ihren Einschätzungen entgegenbringe, reagieren mit Erleichterung und sind bereit zu kooperieren. Es gibt dann allen Grund, Komplimente zu machen und sich für die gute Zusammenarbeit zu bedanken. Da Eltern sich mit ihren Kindern in der Regel stark verbunden fühlen, ist es in jedem Fall sinnvoll, nicht nur den Eltern Komplimente zu machen, sondern auch die Stärken des Kindes hervorzuheben. Dies empfinden die Eltern wie eine Wertschätzung ihrer eigenen Person. Menschen, die Wertschätzung erfahren, entspannen sich, ihre Körperhaltung wird lockerer, positive Gedanken entstehen.

Im Gespräch bleiben

Eine **positive und wertschätzende Grundhaltung** an der Schule sollte nicht erst im Beratungsgespräch beginnen. Es gibt im Schulalltag viele Möglichkeiten, Schülern, Eltern und Kolleg(inn)en Wertschätzung entgegen zu bringen. Wir denken zunächst an die Unterrichtssituationen. Forschungen haben gezeigt, dass ein Drittel bis zwei Drittel aller deutschen Schüler sich ungerecht behandelt und blamiert fühlen (Melzer 2001, 138). Auf der anderen Seite lieben Schüler ihre Lehrer, wenn sie diese als gerecht und wertschätzend erleben.

Im Umgang mit den Eltern sollten Sie Gelegenheiten zu informellen Gesprächen schaffen. Von Eltern begleitete Klassenaktivitäten, Elternstammtische, Bring- und Abholsituationen, Informationsgespräche am Telefon und nicht zuletzt die kurzen Begegnungen am Elternsprechtag können zum Aufbau einer guten Beziehung zu den Eltern genutzt werden. Auf dieser Grundlage lassen sich dann Beratungsgespräche, auch schwierige Gespräche, gut meistern.

Literatur

BAMBERGER, G. (2010): Lösungsorientierte Beratung. Weinheim und Basel

BRÜNDEL, H. (1996): Suizidpräventionsprogramme in der Schule. Informationen für Schulpsychologinnen und Schulpsychologen. Heft 39. Soest

GOTTMAN, J. M./SWANSON, C. (1998): Predicting marital happiness and stability from newlywed interactions. In: Journal of Marriage and the Family. 1998, 60, 2-22

HARGENS, J. (2010): Lösungsorientierte Therapie ... Was hilft, wenn nichts hilft. Dortmund 2. Auflage

HARGENS, J. (2013): Systemische Therapie ... und gut: Ein Lehrstück mit Hägar. Dortmund 4. Auflage

HUBRIG, CH./HERRMAN, P. (2014): Lösungen in der Schule. Systemisches Denken in Unterricht, Beratung und Schulentwicklung. Heidelberg 4. Auflage

JANSEN, P./ LACHNER, M./ SCHWARZ, F. (2013): Mobbing beenden. Berlin

PRIOR, M. (2009): MiniMax-Interventionen: 15 minimale Interventionen mit maximaler Wirkung. Heidelberg 8. Auflage

PRIOR, M. (2014): MiniMax für Lehrer: 16 Kommunikationsstrategien mit maximaler Wirkung. Weinheim und Basel

MELZER, W. (2001): Schulkultur und ihre Auswirkung auf Gewalt. In: Eckes, R. u.a. (Hrsg.), Demokratie lernen und leben. Eine Initiative gegen Rechtsextremismus, Rassismus, Antisemitismus, Fremdenfeindlichkeit und Gewalt. Bd. 1. Weinheim, 127-168

MOLNAR, A/LINDQUIST, B. (2009): Verhaltensprobleme in der Schule. Lösungsstrategien für die Praxis. Dortmund 9. Auflage

SCHLIPPE, A. VON/SCHWEITZER, J. (2002): Lehrbuch der systemischen Therapie und Beratung. Göttingen 8. Auflage

SCHLIPPE, A. VON/SCHWEITZER, J. (2010): Systemische Interventionen. Göttingen 2. Auflage

SEDLAK, F. (2001): Ich will nicht mehr. Wege aus seelischen Krisen. Bundesministerium für Bildung, Wissenschaft, Kultur. Wien

WALTER, J. L./PELLER, J. E. (2004): Lösungsorientierte Kurztherapie: Ein Lehr- und Lernbuch. Dortmund 6. Auflage

WATZLAWIK, P. (2009): Anleitung zum Unglücklichsein. München 15. Auflage

WATZLAWIK, P./BEAVIN, J./JACKSON, D. D. (1974): Menschliche Kommunikation. Formen, Störungen, Parodien. Bern, Stuttgart, Wien

TO-DO-LISTE 1

Das Beratungsgespräch organisatorisch vorbereiten

Die Gesprächssituationen lassen sich danach unterscheiden, ob die Ratsuchenden selbst das Gespräch suchen oder ob die Lehrkraft den Bedarf angemeldet hat. Denkbar ist auch, dass Fachlehrkräfte den Eltern oder Schülern eine Beratung empfohlen haben. Oft ergeben sich Beratungsgespräche aus spontanen Kontakten „zwischen Tür und Angel" nach dem Motto: „Ich hab da mal eine kurze Frage" oder „Könnten Sie mal eben …". Manche Dinge lassen sich dort schnell klären, wenn es beispielsweise nur um kurze Sachinformationen geht. Wenn sich die Dinge aber nicht auf die Schnelle besprechen und lösen lassen, laden Sie zu einem Beratungsgespräch ein.

☐ Legen Sie einen klaren Gesprächsrahmen fest.

WERKZEUGKASTEN

M1 Checkliste: Vorbereitung auf das Beratungsgespräch

M2 Zum Beratungsgespräch einladen

Dabei gilt, unabhängig davon, ob Sie als Lehrkraft ein eher pädagogisches oder ein eher systemisch-lösungsorientiertes Beratungsgespräch führen: Machen Sie deutlich, dass Sie die Wichtigkeit für ein Gespräch sehen.

Dabei können unterschiedliche Voraussetzungen gegeben sein:
a) Nur Sie sehen die Notwendigkeit für ein Beratungsgespräch.
b) Der Schüler/die Eltern haben zwar eine Frage/ein Problem, das sie vortragen, das sie aber „auf die Schnelle" lösen wollen.
c) Schüler/Eltern sehen die Notwendigkeit für ein Beratungsgespräch.

Der Fall c) ist unproblematisch, im Fall b) kann von dem grundsätzlichen Gesprächsbedarf ausgegangen und von dort aus auf die Notwendigkeit eines Beratungsgesprächs abgehoben werden. Das Problem kann zwar nicht „auf die Schnelle", aber kurzfristig gelöst werden. Nur der Fall a) ist problematisch. Machen Sie deutlich, dass es in dem von Ihnen gewünschten Beratungsgespräch nicht um Strafen, sondern um Hilfe geht; dass Sie Verhaltensweisen beobachten, die Sie unter pädagogischer Perspektive als Zeichen dafür sehen, dass dem Schüler geholfen werden muss. Bereits diese Perspektive verändert das (pädagogische) Verhältnis zwischen Ihnen als Lehrer und dem Schüler/den Eltern: Der Schüler begegnet Ihnen nicht primär als einer, der z. B. stört, weniger Leistung zeigt, seine Materialien nicht mitbringt etc., sondern als jemand, der einen Rat sucht, mit diesem Verhalten (diesen *Auffälligkeiten*) fertig zu werden.

Achtung: Es ist sehr wichtig, dass Schüler/Eltern die Notwendigkeit für ein Beratungsgespräch sehen und mit dieser Einsicht zum Beratungsgespräch kommen.

☐ Finden Sie mit den Ratsuchenden einen geeigneten Zeitpunkt für das Gespräch.	Von hoher Wertschätzung zeugt es, wenn Sie Gesprächszeiten auch außerhalb des üblichen Rahmens (etwa Ihrer Sprechstunde) anbieten. Viele Elternpaare sind berufstätig, sodass sie sich für ein Gespräch am Vormittag während der Schulzeit bei ihrem Arbeitgeber frei nehmen müssen. Die ausgefallene Zeit müssen sie dann nachholen oder sie wird vom Gehalt abgezogen. Von daher sind solche Eltern nur schwer für einen Vormittagstermin zu gewinnen. Überlegen Sie daher zunächst für sich, wie flexibel Sie mit dem Termin für ein Gesprächsangebot sein können. Nehmen Sie dann Kontakt mit den Eltern auf, um die konkrete Situation zu klären.
☐ Sorgen Sie dafür, dass das Gespräch ungestört stattfinden kann.	Viele Schulen nutzen einen Beratungsraum. Wo befindet er sich an Ihrer Schule und wie wird er noch genutzt? Müssen die Ratsuchenden dafür einen „Spießrutenlauf“ durch das Lehrerzimmer machen oder kommt womöglich ab und zu ein Kollege herein, um „nur mal gerade“ ein Buch aus dem Regal zu holen? Beratungsgespräche brauchen Zeit und Raum. Ein ungestörtes Gespräch drückt Wertschätzung aus, wirkt auf die Stimmung und trägt damit zum Gelingen des Treffens bei. Je besser Sie dieses planen (s. auch „Das Fundament“), umso „entwaffnender“ und einfacher sind gerade Konfliktgespräche.
☐ Sorgen Sie für eine angenehme Gesprächsatmosphäre.	Der Beratungsraum sollte widerspiegeln, dass Sie sowohl dem Gespräch als auch den Ratsuchenden eine große Bedeutung beimessen. Wir hören häufig, dass Elterngespräche in einem Klassenzimmer inmitten hochgestellter Kinderstühle stattfinden. Es kam auch schon vor, dass die Lehrkraft sich ihren eigenen Erwachsenen-Stuhl dazu genommen hat und damit gegenüber den Eltern erhöht gesessen hat. Solche nonverbalen Signale wirken implizit auch auf das Gespräch. Es kann sein, dass der folgende Ratschlag Ihnen paradox erscheint und auch Ihren Widerwillen hervorruft, aber als Faustregel gilt: *Je konflikthafter das Gespräch werden könnte, umso freundlicher sollte die Atmosphäre sein.* Klären Sie somit ab, ob es einen Beratungsraum an Ihrer Schule gibt, wie der ausgestattet ist und ob es einen Belegungsplan dafür gibt. Falls es keinen Beratungsraum geben sollte, fragen Sie den Hausmeister, welchen Raum Sie für dieses Beratungsgespräch nutzen und entsprechend herrichten können. Überlegen Sie für sich, wie Sie den Raum nett herrichten können: – aufgeräumt, ordentlich – entsprechende Sitzgelegenheiten – evtl. Blumen auf den Tisch – evtl. Getränke (Wasser, Kaffee) und Gläser/Tassen **Hinweis:** Wenn es an Ihrer Schule ein Beratungskonzept gibt, dann sollte es auch einen Beratungsraum geben.

☐ Beachten Sie die Sitzposition.	— Sitzen Sie sich gegenüber? — Sitzen Sie über Eck? — Wohin schaut der Ratsuchende? **TIPP:** Eine Über-Eck-Sitzposition nimmt dem Gespräch ein frontales Gegenüber. Man gerät so aus einer gedachten Angriffslinie. Der Blick des Ratsuchenden kann unverkrampfter „wandern", er oder sie fühlt sich nicht angestarrt. Besonders gelungen ist dabei der Blick aus einem Fenster, weil das am wenigsten als einengend empfunden wird.
☐ Beobachten und kontrollieren Sie Ihr eigenes Verhalten.	Wie das Beratungsgespräch abläuft, ist vorher nicht abzusehen. Trotz Ihrer Bemühungen, eine angenehme Gesprächsatmosphäre herzustellen, kann es während des Beratungsgesprächs dennoch zu Störungen, zu verbalen Angriffen und zu emotionalen Vorwürfen kommen. Bereiten Sie sich innerlich auf solche Situationen vor, damit Sie nicht davon überrumpelt werden. **TIPP:** Bleiben Sie gerade in erhitzten Situationen zurückhaltend und hören Sie zu!

TO-DO-LISTE 2

Sich mit der Struktur von Beratungsgesprächen vertraut machen

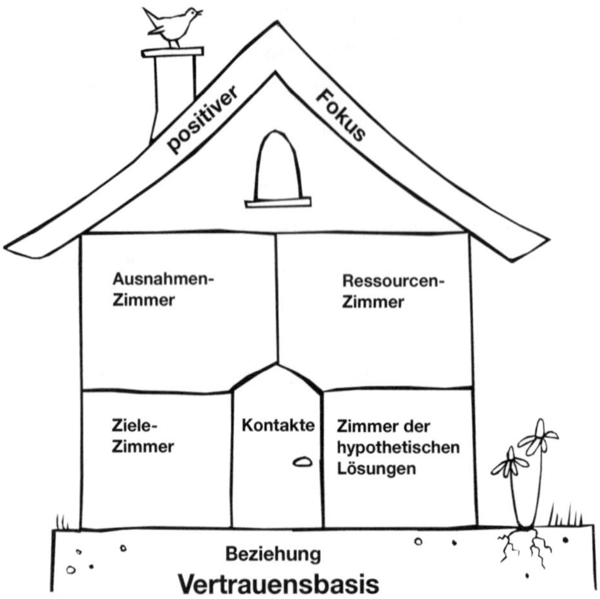

Das Beratungshaus hat sich in Lehrerfortbildungen zum Thema „Beratung in der Schule" als Symbol bewährt, um sich die sinnvollen Elemente eines „guten" Beratungsgesprächs einzuprägen.

☐	Stimmen Sie sich auf Ihre veränderte Rolle im Beratungsgespräch ein.	**Das Fundament** Das Beratungshaus steht auf einem Fundament aus der Beziehung zwischen Berater und Ratsuchendem. Wirksamkeitsforschungen verschiedener Beratungs- und Therapierichtungen haben gezeigt, dass die Qualität der Beziehung zwischen Berater und Klient das entscheidende Merkmal für eine erfolgreiche Beratung ist.
☐	Überlegen Sie, wie Sie eine entkrampfte Gesprächsatmosphäre herstellen können.	Begegnen Sie den Ratsuchenden auf **Augenhöhe**. Machen Sie sich bewusst, dass Sie in diesem Beratungsgespräch **gerade nicht** unterrichten, korrigieren, beurteilen, erziehen etc. sollen, sondern dass Sie **gemeinsam** mit dem Ratsuchenden nach Lösungen suchen wollen. Machen Sie ein freundliches Gesicht; schauen Sie den Ratsuchenden an. Machen Sie zur Einführung kleine Komplimente, z. B.: – *Schön, dass Sie sich Zeit genommen haben …* – *Gut, dass Sie beide kommen konnten.* – *Vielen Dank nochmal, dass wir uns so schnell auf einen Termin einigen konnten.*

Eltern können Sie auch mit positiven Aussagen über ihre Kinder eine Freude machen:

- *Lukas ist ein sehr lebendiges und waches Kind.*
- *Simone ist sehr geduldig und für unsere Klasse wie ein Fels in der Brandung.*

Wenn Sie die Ratsuchenden schon zu einem früheren Zeitpunkt kennengelernt und eher unangenehme Erfahrungen gemacht haben, ist die Suche nach positiven Rückmeldungen schwieriger, dafür umso wichtiger.
Leitspruch könnte jedoch sein: Wenn einem nichts Positives zu dem Ratsuchenden einfällt, sollten Sie das Gespräch nicht allein führen, sondern eine neutrale Person hinzuziehen.
Auch im weiteren Verlauf des Gespräches sind positive, lobende Aussagen hilfreich, um die gute Beziehung trotz schwieriger Themen oder unterschiedlicher Ansichten zu erhalten. Aus verschiedenen Forschungen ist bekannt, dass Lob und Kritik in einem Verhältnis von 5:1 gegeben werden können, ohne die Beziehung zu gefährden.

☐ Hören Sie gut zu.

WERKZEUGKASTEN
M3 Checkliste: Aktives Zuhören

Merken Sie sich die Namen der Ratsuchenden, damit Sie sie persönlich ansprechen können.

Mit aufmerksamem Zuhören können Sie eine gute Beziehung während des Gesprächs fördern. Gutes Zuhören schafft auch die sachgebundene Grundlage für Lösungen, die im Ratsuchenden schlummern und so hervorgeholt werden können.

Im Werkzeugkasten M3 werden einige Möglichkeiten vorgestellt, wie Sie gut zuhören und dies Ihrem Gesprächspartner vermitteln können. Sehr viele Informationen entnehmen wir nicht den Worten, sondern der Mimik, Gestik und Tonfall. Gutes Zuhören ist also gutes Beobachten.
Wenn Sie feststellen sollten, dass das Gespräch ungünstig verläuft, fragen Sie sich immer zuerst, ob die Beziehung zum Ratsuchenden in ein Ungleichgewicht geraten ist, und versuchen Sie, das Gleichgewicht wieder herzustellen.

☐ Legen Sie den Zeitrahmen für das Gespräch vorher fest.

Bei aller Freundlichkeit sollten dennoch die organisatorischen Rahmenbedingungen vorher festgeschrieben werden. Dazu gehört auch der zeitliche Rahmen. Und zwar aus zwei Gründen:

- Im Blick auf diesen Zeitrahmen können Sie das Gespräch strukturieren, z. B. bei einem Punkt länger verweilen, mehrere Punkte zusammenfassen, Erzählungen kürzen etc.
- Dieser Zeitrahmen ist zugleich auch eine Orientierung für Ihre Gesprächspartner, sodass ein Beschleunigen oder gar Beenden des Gespräches am Ende des Zeitrahmens nicht zu Unstimmigkeiten führt.

Klären Sie die Funktion von Zielbestimmungen in der Beratung. **WERKZEUGKASTEN** **M4** Fragenkatalog: Fragen nach Zielen	**Das Ziele-Zimmer** Das erste Zimmer unseres Beratungshauses ist das Ziele-Zimmer, vielleicht die „Wohnküche“. Mit unseren Fragen können wir uns zuerst ins Ziele-Zimmer begeben oder zuerst ein anderes, z. B. das Ressourcen-Zimmer, aufsuchen, um dann später zum Ziele-Zimmer zu kommen. In jedem Fall kommen wir in der lösungsorientierten Beratung irgendwann dorthin, so wie in eine Wohnküche. *Ziel des Beratungsgespräches* ist die **Erarbeitung von Zielen**, die verschiedenen Kriterien entsprechen sollen. Wie diese Ziele über Fragen so formuliert werden können, dass sie dann auch konkret angestrebt werden können, ist im Werkzeugkasten M4 vorgestellt.
Formulieren Sie die Ziele positiv.	„Ich will ruhig und entspannt bleiben“ ist ein positiv formuliertes Ziel. Bei der Erarbeitung dieses Zieles produziert unser Gehirn Bilder einer ruhigen und entspannten Person. Wenig hilfreich sind negative Formulierungen wie: „Ich will mich nicht mehr so aufregen“. Da das Gehirn sich ein „Nicht“ nicht vorstellen kann, produziert es hier das Bild eines Menschen, der sich aufregt. Wir helfen Ratsuchenden in einer solchen Situation, wenn wir fragen: „Und was möchten Sie **stattdessen** tun?“
Beschreiben Sie das Ziel prozesshaft.	Sie steuern den Beratungsprozess, indem Sie sich selbst und dem Ratsuchenden Fragen stellen, und Sie sind gleichzeitig selbst Ratsuchender. Als Ratsuchender sollten auch Sie die Frage beantworten können, ob Ihre Ziele den Zielkriterien entsprechen: Ist das Ziel – positiv formuliert, – prozesshaft und – sinnesspezifisch konkret beschrieben, – schon jetzt umsetzbar und – vor allem in Ihrem eigenen Kontrollbereich? Dieses Zielkriterium ist deshalb wichtig, weil darin die konkreten Verhaltensmöglichkeiten mitgeteilt werden: nicht ein abstrakter Zielzustand, sondern konkrete Handlungen, die zu diesem Zielzustand führen und woran der Zielzustand zu erkennen ist. Wenn Substantive oder Adjektive benutzt werden, versuchen Sie Fragen nach den dazu gehörenden Verhaltensweisen zu stellen.
Lassen Sie sich die Ziele so genau wie möglich schildern.	Ziele können hinter abstrakten Begriffen verloren gehen. Von daher ist es äußerst wichtig, ganz konkrete, sinnlich wahrnehmbare Erfahrungen und Tätigkeiten zu benennen, die mit dem Ziel verknüpft sind. Versuchen Sie alle Sinneskanäle mit einzubeziehen.

Sorgen Sie dafür, dass der Ratsuchende sofort beginnen kann, das Ziel umzusetzen.	Helfen Sie dem Ratsuchenden, das Ziel so zu formulieren, dass er es direkt anpacken kann. Die Fragen sollen darauf aufmerksam machen, was jetzt konkret möglich ist, auch wenn die Rahmenbedingungen schwierig sind. Je abstrakter die Zielbestimmung ist, umso schwieriger wird die praktische Umsetzung und umso unverbindlicher wird dann die Zielerreichung.
Stellen Sie sicher, dass das formulierte Ziel vom Ratsuchenden selbst beeinflussbar ist.	Nicht selten formulieren Ratsuchende ein Ziel für eine andere Person. „Mein Mann sollte sich mehr Zeit für die Kinder nehmen" könnte sich die Frau unseres Ratsuchenden wünschen. Ein Ziel formuliert sie damit nicht, sondern nur einen Wunsch. Wäre sie unsere Klientin, könnten wir sie fragen, was sie dazu beitragen könnte, dass ihr Mann sich mehr kümmert.
Fragen Sie sich, mit welchen Zielen Sie als Berater in das Beratungsgespräch gehen.	Die meisten Lehrkräfte haben als Beteiligte am Unterrichtsgeschehen auch eigene Ziele in einem Beratungsgespräch, sie wollen z. B., dass ein Schüler sich an Regeln hält, damit der Unterricht störungsfrei verläuft. Ist dies der Fall, bleiben Sie aufmerksam für Ihre eigenen Interessen und versuchen Sie, diese deutlich von den Interessen des Ratsuchenden abzukoppeln.
Stimmen Sie sich selbst darauf ein, dass es immer Ausnahmen gibt.	**Das Ausnahmen-Zimmer** Zu den Grundannahmen in der lösungsorientierten Beratung gehört, dass es immer Ausnahmen zum beschriebenen Problem gibt. Wenn die Ratsuchenden sich mit ihrem Problem an Sie wenden, hören Sie, wie oben erklärt, sehr gut zu, lassen Sie sich aber nicht vom Problem „hypnotisieren". Auch wenn es Sie drängt, auf dem schnellsten Weg eine Lösung des Problems vorzuschlagen: Wie wir an anderer Stelle genauer ausführen, ist es jedoch **nicht sinnvoll**, *Ratschläge zu geben*. Sie wollen im Gegenteil erreichen, dass die Ratsuchenden ihre eigene Lösung kreieren. Dabei hilft die *Frage nach Ausnahmen zum Problem*. Es mag z. B. Zeiten geben, in denen das Problem nicht oder weniger auftritt, etwa in Ferienzeiten. Manchmal sind es bestimmte Orte, an denen das Problem verschwunden zu sein scheint, oder Menschen, in deren Beisein das Problem nicht in Erscheinung tritt, z. B. bei der Großmutter. Oft sind es aber einfach nur bestimmte Umstände, in denen das *Problem nicht so stark wahrgenommen* wird, wie z. B. im Urlaub.

☐ Fragen Sie hartnäckig und höflich nach Ausnahmezeiten.

WERKZEUGKASTEN

M5 Fragenkatalog: Fragen nach Ausnahmen

Ausnahmefragen können sein:

- *Wann zuletzt trat das Problem* ***nicht*** *auf?* (Fragen Sie bewusst nicht, **ob** es Zeiten gab, an denen das Problem nicht auftrat. Sie bringen sich selbst in eine Sackgasse, wenn der Ratsuchende diese Frage dann mit „Nein" beantwortet.)
- *Was ist Ihre letzte Erinnerung an eine entspanntere Zeit?*
- *Was genau war anders, als Sie das letzte Mal zuversichtlicher waren? Was hat Ihnen geholfen, das Problem von einer anderen Seite zu sehen?*

Im Werkzeugkasten haben wir unter M5 weitere Fragemöglichkeiten nach Ausnahmen zusammengestellt.

☐ Beobachten Sie die Wirkung der Fragen nach Ausnahmen.

Diese Fragen nach Ausnahmen lösen innere Suchbewegungen nach positiven Erlebnissen aus. Man kann gleich eine entspanntere Mimik, Gestik und Körperhaltung wahrnehmen, wenn die Ratsuchenden über positive Ereignisse nachdenken.

Indem Sie die Ereignisse so genau wie möglich beschreiben lassen, helfen Sie, diese Ausnahmesituation wieder greifbar zu machen. Im besten Fall entsteht eine Vorstellung davon, wie diese Situation in Zukunft wieder hergestellt werden kann.

Beispiel:

Schüler: Mein Mathelehrer hackt immer auf mir herum.
Beraterin: *Wann zuletzt hattest du denn entspanntere Zeiten im Matheunterricht?*
S: Ich weiß nicht. Das muss schon sehr lange her sein.
B: *Das ist traurig für dich. Wie war es denn, als du von der Grundschule hier auf unsere Schule kamst?*
S: Ganz am Anfang war es noch ganz gut, kann ich mich erinnern. Der Lehrer war zu allen ganz nett.
B: *Was genau war alles anders am Anfang?*
S: Wir haben den alten Stoff aus der Grundschule wiederholt. Ich war noch ganz gut in Mathe damals. Ich habe den anderen geholfen.
B: *Prima. Was war noch anders?*
S: Wir haben alle gut mitgemacht, damit wir nichts verpassen. Und der Lehrer hat uns geholfen, wenn wir etwas nicht verstanden haben. Ich fand ihn echt nett am Anfang.
B: *Wie ist das dann genau, wenn du jemanden nett findest?*
S: Wie meinen Sie das?
B: *Ich meine, woran merken andere, dass du sie nett findest?*
S: Na ja, ich lächle sie an, bin freundlich, helfe ihnen.
B: *Was glaubst du: Denkt dein Mathelehrer, dass du ihn jetzt nett findest?*
S: Nee, ganz bestimmt nicht. Ich hab echt keinen Bock, den anzulächeln.
B: *Und wenn du es tun würdest, würde er das merken? Was würde er tun?*
S: Ich weiß nicht … Den würde ich voll aus dem Konzept bringen. Er hätte ja keinen Grund mehr, auf mir rumzuhacken. Aber das schaffe ich sowieso nicht.
B: *Was würdest du denn schaffen, um ihm zu zeigen, dass du wieder ein besseres Verhältnis zu ihm willst?*
S: Vielleicht will ich ja gar kein besseres Verhältnis.
B: *Oh, da habe ich dich wahrscheinlich falsch verstanden. Ich dachte, du wolltest erreichen, dass er nicht mehr auf dir herumhackt.*

S: Will ich ja auch.
B: *Und wie willst du das erreichen? Hast du eine Idee?*
S: Ich könnte meine Hausaufgaben machen und im Unterricht zuhören.
B: *Und würde das dazu führen, dass er weniger auf dir herumhackt?*
S: Ich kann es ja mal versuchen.
B: *Wie genau stellst du dir das vor …?*

Fragen Sie höflich nach Ressourcen und Fähigkeiten.

WERKZEUGKASTEN
M6 Fragenkatalog: Fragen nach Ressourcen

Das Ressourcen-Zimmer

Ein weiteres wichtiges Zimmer im Beratungshaus ist das Ressourcen-Zimmer. Ähnlich wie bei den Fragen nach Ausnahmen kann man den Ratsuchenden die Entspannung an ihrer gesamten Haltung anmerken, wenn man sie nach ihren Ressourcen und Fähigkeiten fragt.

Ratsuchende sind häufig der Überzeugung, ihre Probleme seien dadurch entstanden, dass sie alles falsch gemacht haben. Sie haben Schuldgefühle und fühlen sich schnell persönlich angegriffen, wenn sie Ratschläge erhalten, dies oder jenes anders zu machen.

Deshalb ist es zu Beginn eines Beratungsprozesses sehr wichtig herauszuarbeiten, was denn bisher gut geklappt hat, was der Ratsuchende bisher Positives erreicht hat, wo die Stärken des Ratsuchenden liegen. Dies ist nicht nur wichtig, um der Person Wertschätzung entgegen zu bringen und eine positive Ratsuchender-Berater-Beziehung zu entwickeln, sondern auch um Hinweise für die gemeinsame Lösungssuche zu bekommen.

Es ist viel einfacher, auf Stärken aufzubauen, als ganz neue Fähigkeiten zu entwickeln. Gerade die Menschen, die die größten Probleme haben, haben oft auch die meisten Fähigkeiten in diesem Bereich. Jemand, der wegen Arbeitslosigkeit mit sehr wenig Geld auskommen muss, der seinen Partner durch Scheidung oder Tod verloren hat, mit schwierigen Kindern zurechtkommen muss oder Mobbing am Arbeitsplatz ausgesetzt ist, hat Strategien gelernt, mit diesen Widrigkeiten umzugehen.

Oft sind diese Strategien Teil des Problems, aber auch Teil einer möglichen Lösung. Nehmen wir eine Frau, die einen problematischen Scheidungsprozess erlebt hat. Sie hat vielleicht gelernt, vor Gericht ihr Recht zu erstreiten. Dieses streitbare Verhaltensmuster kann zu großen Problemen führen, wenn sie es auf ihre Auseinandersetzung mit dem Lehrer ihres Sohnes überträgt. Auf dem Weg zu einer Lösung kann ihre Ressource jedoch auch hilfreich sein, weil sie sich in Auseinandersetzungen stark fühlt. Diese Stärke kann ihr helfen, Probleme anzusprechen. Sie muss vielleicht nur noch lernen, höflich zu bleiben.

Beispiel:
Mutter: Ich hätte Lust, dem Englischlehrer meines Sohnes mal so richtig die Meinung zu sagen. Wie sollen die Kinder Englisch lernen, wenn er mit ihnen kein Englisch spricht?
Berater: *Ich höre, dass Sie sehr wütend sind.*
M: Genau. Der nimmt sich heraus, schlechten Unterricht zu machen, und dann gibt er den Kindern schlechte Noten.
B: *Sie haben also schon versucht, mit ihm zu sprechen?*
M: Nein. Ich traue ich mich nicht. Ich glaube, ich würde platzen.
B: *Hm. Das kennen Sie von sich, dass Sie vor Wut platzen?*

M: Ja, aus der Scheidungssituation. Ich habe meinen Kindern und mir nicht die Butter vom Brot nehmen lassen …
B: *Sie kennen also auch die positiven Effekte der Wut?*
M: Ja, sie verleiht einem viel Kraft.
B: *Sie denken aber, dass Sie für diese Situation noch andere Fähigkeiten brauchen als bei Ihrer Scheidung?*
M: Eben. Der Vater eines Klassenkameraden meines Sohnes hat den Lehrer angerufen und das hat gar nichts gebracht. Er hat nicht zugehört.
B: *Was hätte der Vater anders machen müssen?*
M: Er hätte höflich bleiben müssen.
B: *Sie müssten also höflich bleiben, wenn Sie ihn ansprechen.*
Was müssten Sie noch tun, damit die Wahrscheinlichkeit größer wird, dass er Ihnen zuhört?
M: Ich müsste ihm klar machen, dass ich mir wirklich Sorgen um meinen Sohn mache, dass er den Spaß an Englisch verlieren könnte.
B: *Was wäre, wenn Sie es ihm genauso sagen würden?*
M: Hm. Aber ich traue mich nicht. Vielleicht wird dann alles noch schlimmer. Und ich habe dafür nicht mehr die Kraft.
B: *Sie möchten also lieber aushalten, dass es so bleibt, wie es ist?*
M: Nein. Wirklich nicht.
B: *Wie war das nochmal mit Ihrer Wut? Kann sie in dieser Situation auch hilfreich sein, weil sie Ihnen Kraft verleiht?*
M: Sie haben Recht. Ich werde es wenigstens versuchen.
B: *Okay, lassen Sie uns überlegen, wie Sie es genau machen können.*

Gerade auch bei Schülern, die in ihrem Selbstwertgefühl stark verunsichert sind, ist es manchmal sinnvoll, zuerst das Ressourcen-Zimmer aufzusuchen, bevor man ein anderes Zimmer im Beratungshaus betritt. Die Frage nach Fähigkeiten, Ressourcen, nach dem Lieblingsfach, den Hobbys etc. kann schon als Einstieg in das Beratungsgespräch genutzt werden.

Fragen, mit denen Sie Ressourcen aufdecken können, finden Sie im Werkzeugkasten M6.

☐ Leiten Sie die Fragen nach einer hypothetischen Lösung mit einer kleinen Tranceinduktion ein.

WERKZEUGKASTEN
M7 Fragenkatalog: Entwicklung von hypothetischen Lösungen

Das Zimmer der hypothetischen Lösungen

Auch hypothetische Lösungen haben in der lösungsorientierten Beratung einen großen Stellenwert. Während Sie im Ausnahmen-Zimmer Lösungen aus der Vergangenheit beleuchtet haben, betrachten Sie mit hypothetischen Lösungen mögliche Lösungen in der Zukunft. Zukunft kann hier die nahe, die fernere oder ganz ferne Zukunft bedeuten.

Hypothetische Lösungen sind sehr wertvoll, wenn die Ratsuchenden schon starke Resignation zeigen und eine Lösung ihrer Probleme für unrealistisch halten.

Fragen nach hypothetischen Lösungen sind ein starkes Mittel und sollten gut vorbereitet werden. Leiten Sie die Frage ein, z. B. *Ich möchte Ihnen gern eine ungewöhnliche Frage stellen.* Oder: *Sind Sie bereit, sich auf ein kleines Gedankenexperiment einzulassen?*

Stellen Sie dann die eigentliche Frage nach einer hypothetischen Lösung, also einer in der Zukunft liegenden konstruierten Lösung, z. B. *Nehmen wir an, Ihr Sohn steht irgendwann auf eigenen Füßen, ist ausgezogen, hat eine Berufsausbildung und ist vielleicht gerade dabei, eine Familie zu gründen. Die Probleme von heute sind längst gelöst. Wie denken Sie, wird es dazu gekommen sein, dass die Probleme gelöst wurden, ist es plötzlich geschehen oder war es harte Arbeit in kleinen Schritten? Was wird geholfen haben, die Probleme zu lösen, wer wird an der Lösung beteiligt gewesen sein?*

Als Berater implizieren Sie damit, dass es in jedem Fall zu einer Lösung kommen wird, und vermitteln Zuversicht. Positive Gedankengänge können wieder zugelassen werden und damit die Bereitschaft, über nächste kleine Schritte auf dem Weg zu einer Lösung nachzudenken.

Weitere Fragen, mit denen hypothetische Lösungen angestoßen oder entwickelt werden können, finden Sie im Werkzeugkasten M7.

☐ Nutzen Sie Komplimente und den Einsatz von Techniken für eine positive Atmosphäre.

Der positive Fokus
Der positive Fokus schützt das Beratungshaus wie ein Dach. Er spielt nicht nur bei der Kontaktaufnahme eine große Rolle, sondern auch bei den Kommentaren am Ende des Beratungsgespräches sowie im gesamten Verlauf des Gespräches.
Wir Deutsche haben eher Probleme damit, gelobt zu werden oder gar uns selbst zu loben. Sprüche wie „Eigenlob stinkt", „Hochmut kommt vor dem Fall", „Sei sittsam und bescheiden, das ist die größte Zier" zeigen, mit welchen impliziten und expliziten Regeln wir aufgewachsen sind. Die meisten Amerikaner tun sich wesentlich leichter mit der Anerkennung und Wertschätzung füreinander. Von ihnen können wir lernen, wenn es um den Einsatz von Komplimenten geht.
Nutzen Sie Komplimente so oft es möglich ist und wählen sie diese sorgfältig aus. Ratsuchende haben ein gutes Gespür dafür, ob ein Kompliment ehrlich gemeint ist oder nicht.

Die Idee des positiven Fokus beinhaltet allerdings nicht nur den Einsatz von Komplimenten, sondern auch anderer Techniken.
Setzen Sie sich für den Erhalt der in der Kontaktphase hergestellten positiven Atmosphäre ein, z. B. durch kleine Gesten wie Nachfüllen des Getränkes.

☐ Drücken Sie Ärger in Ich-Botschaften aus.

Wenn Sie merken, dass Sie ärgerlich werden, können Sie Ihren Ärger in einer Ich-Botschaft ausdrücken, z. B. *Ihre Vorwürfe machen mir zu schaffen und ich merke, dass ich auch ärgerlich werde.* Bemühen Sie sich jedoch um einen höflichen Tonfall. Angriffe auf die Person des Gegenübers führen nur zu Gegenangriffen oder zur innerlichen Aufkündigung des Gespräches.

Hier kann es Ihnen helfen, dem Ratsuchenden positive Absichten oder Motive zu unterstellen. Ein aufgebrachter Vater ist immerhin einer, der für sein Kind eintritt. Erinnern Sie sich an die Ressourcen, die der Ratsuchende selbst beschrieben hat.

☐ Fassen Sie Ergebnisse positiv zusammen.

Achten Sie bei der Zusammenfassung der Ergebnisse darauf, *positive* Entwicklungen aus der Vergangenheit und aus dem Gesprächsverlauf hervorzuheben.
Machen Sie sich klar, dass oft der Weg das Ziel ist. Probleme werden meist in kleinen Schritten gelöst und kleine Schritte führen zu größeren Schritten.

☐ Entscheiden Sie intuitiv, welches Beratungszimmer Sie zuerst aufsuchen möchten.

Übergänge von einem zum anderen Zimmer

Wie schon zu Anfang der Beschreibung des Beratungshauses erwähnt, gibt es keine vorgegebene Reihenfolge, welche Zimmer nacheinander besucht werden sollen. Nach einer intuitiven Entscheidung kann man zunächst in ein Zimmer gehen, um dann ein anderes aufzusuchen, wenn die Frage-Möglichkeiten dort ausgeschöpft erscheinen.

☐ Meistern Sie die Übergänge zwischen den Beratungszimmern durch verbindende Fragen.

WERKZEUGKASTEN
M8 Checkliste: Übergänge von einem zum anderen Beratungszimmer

Es gibt Übergänge zwischen den einzelnen Zimmern, die wie Flure eine sinnvolle Verbindung darstellen. War man z. B. zunächst im Ziele-Zimmer und hat dort in Ansätzen Ziele vereinbart und möchte nun zum Ressourcen-Zimmer wechseln, eignen sich Fragen wie:

- *Wenn Sie an Ihr Ziel denken, in solchen Situationen ruhiger bleiben zu wollen, welche Ihrer Fähigkeiten können dabei hilfreich sein?*
- *Welche Erfahrungen haben Sie in solchen Situationen mit sich gemacht?*

Der Übergang vom Ausnahmen- zum Ziele-Zimmer dagegen greift zunächst die besprochenen Ausnahmesituationen auf und führt dann zum Ziele-Zimmer wie:

- *Nehmen wir die beschriebene Ausnahmezeit in den letzten Sommerferien, als Sie sich entspannter und zuversichtlicher fühlten und dies auch so positive Auswirkungen auf Ihre Beziehung zu Ihrer Tochter hatte. Wenn es ein bisschen so auch in der Schulzeit wäre, wären Sie dann auf dem Weg zu Ihrem Ziel? Was davon könnten Sie auch in der Schulzeit verwirklichen?*

TO-DO-LISTE 3

Techniken der Beratung kennen lernen

Sie haben jetzt das Beratungshaus kennen gelernt. Wir wollen Ihnen nun Techniken der Beratung vorstellen, die in jedem „Zimmer“ des Beratungshauses nutzbar sind.

☐ Die Perspektive der Problembeschreibung erkennen	**Reframing** An den Beschreibungen von Problemen ist erkennbar, welche Qualität man ihnen zumisst. Beschreibungen und Bezeichnungen drücken aus, wie ein Problem eingeschätzt wird, z. B. wenn jemand ein Problem als stabil bezeichnet und es damit kaum zu beeinflussen ist. Das klassische Beispiel ist eine Mutter, die im Gespräch mit der Lehrkraft eröffnet, ihr Kind habe ADHS. Damit wird das Problem stabiler und weniger „greifbar“. ADHS ist eine medizinische Diagnose, die damit eher in die Hände eines Mediziners oder Psychologen gehört. Die Lehrkraft kann sich somit entweder aus der Verantwortung ziehen oder ein Gefühl von Handlungsohnmacht bekommen. Hinzukommt, dass Menschen dazu neigen, Dinge von ihrer Problemseite zu betrachten. Sie können in der Regel mehr negative als positive Eigenschaften über sich aufzählen und es fällt ihnen schwerer, positive Aspekte hervorzuheben als negative. Gerade Lehrkräfte bewegen sich oft im „Rotstift-Milieu“. Sie markieren Fehler und bewerten diese. In der Beratung ist eine solche Sichtweise hinderlich. Sie blockiert sowohl die Veränderungsmöglichkeiten auf der Beraterseite als auch auf der Seite des Ratsuchenden. Es entsteht eine Perspektive, die, um im Bild mit den zwei Gesichtern und der Vase zu bleiben (s. S. 13), einen Standpunktwechsel oder eine andere Betrachtungsweise und damit auch einen Lösungsansatz erschwert.
☐ Betrachten Sie das Problem aus einer neuen Perspektive.	Durch das „Reframing“ ist es möglich, das Problem oder den Umgang mit dem Problem aus einem veränderten Blickwinkel zu betrachten und damit einen neuen Bedeutungsrahmen herzustellen.
☐ Fragen Sie sich: Mit welchen neuen (Be-)Deutungen lässt sich ein Problem bearbeiten?	Wenn einem Problem in einem bestimmten Kontext eine neue Bedeutung gegeben wird, erzeugt dieses neue Bewertungen und neue Handlungsmöglichkeiten. Der Berater hilft durch seine Fragen oder seine „Neu-Rahmung“ (Re-Framing), diese andere Sicht der Wahrnehmung des Ratsuchenden gegenüberzustellen.

☐ Überlegen Sie: Welcher positive Sinn kann in einem offensichtlich negativen Verhalten gesehen werden? Wie verändern sich nun die Handlungsoptionen?

Bedeutungsreframing: Greifen wir das obige Beispiel des ADHS-Kindes auf: Eine Neurahmung würde hier versuchen, dem Verhalten des Kindes (immer in Bewegung, kann sich nur schwer auf eine Sache für längere Zeit konzentrieren, unorganisiert ...) eine neue *Bedeutung*, einen neuen Sinn zu geben. Die Lehrkraft könnte beispielsweise der Mutter zurückmelden, dass sich das Kind lebendig und aktiv zeigt. Sie könnte sich fragen, was sie dazu beisteuern kann, das Kind in schwierigen Momenten zu beruhigen.

☐ Wie beeinflussen äußere Faktoren wie Zeit oder beteiligte Personen das Verhalten und wie lässt sich diese Erkenntnis konstruktiv nutzen?

WERKZEUGKASTEN
M9 Fragenkatalog: Fragen für das Reframing

Inhaltsreframing: Hier wird versucht, das beklagte Verhalten und die dahinter liegende gute Absicht zu trennen. Die Beratungslehrkraft und die Mutter könnten sich fragen, *welchen sinnvollen Grund, welchen Sinn* das unruhige Verhalten für das Kind und für die Mutter haben könnte. Ist es vielleicht auch eine Form von Aufmerksamkeitssuche, die auch in anderer Weise befriedigt werden kann?

Kontextreframing: Hier kann man sich zweierlei fragen:
- Unter welchen Umständen ist das Verhalten stärker oder schwächer ausgeprägt (Sitzposition innerhalb der Klasse, Tageszeit, Unterrichtsfach, unterrichtende Lehrkraft)?
- Unter welchen Umständen wäre ein solches Verhalten sinnvoll oder auch die beste Lösung?

Wir greifen bei ADHS-Kindern gern das Bild auf, dass diese sich zur Zeit der Jäger und Sammler oft als die besten Aufspürer einer Gefahrensituation gezeigt haben, weil sie mit ihren Sinnen weniger fokussiert auf eine Situation waren, sondern ihre Sinne in alle Richtungen ausgerichtet und schnell auf neue Reize reagiert haben.

Oft genügen für bedeutungserweiternde Interventionen schon einfache Umformulierungen, die dem Ratsuchenden eine neue Sicht auf seine Situation oder sein problematisches Verhalten ermöglichen und ihn damit einladen, anders über sich zu denken, zu fühlen und zu handeln:
- statt „ängstlich“ ⇨ „vorsichtig, sorgsam“,
- statt „faul“: ⇨ „kann mit seinen Kräften haushalten“, „sorgt für Entspannung“.

Wichtig: Das Reframing ist kein Verfahren, mit dem durch eine rosarote Brille unangenehmes Verhalten oder eine mangelhafte Leistung schöngeredet werden soll – im Gegenteil: Dadurch, dass der Blick auf ein Symptom um weitere Aspekte erweitert wird und man sich mit alternativen Deutungen auseinandersetzt, schafft man bessere Voraussetzungen für dessen Beseitigung oder Minderung.

Die Checkliste M9 im Werkzeugkasten bietet für diese drei Varianten hilfreiche Fragen, die Sie in der Beratung ausprobieren können.

Weichen Sie durch Skalen ein Schwarz-Weiß-Denken auf und machen Sie „Etappenziele“ sichtbar.

Skalierungen

Bei der Suche nach Lösungen geraten Menschen oft mit der Zielvorgabe unter Druck, das Problem in voller Gänze beseitigen zu wollen. Sie formulieren ein „Entweder-Oder“:

- Entweder ist das Problem da oder nicht.
- Entweder ist es gelöst oder nicht gelöst.

Andererseits gibt es Ratsuchende, die sich vor einem konkreten Zielbild scheuen, da nicht nur das Problem, sondern auch das Ziel mit Risiken und Mühen verbunden ist.
Eine Möglichkeit, dieses zu vermeiden, ist, die Zielannäherung als Prozess mit kleineren Etappen aufzuzeigen. Machen Sie deutlich, dass mehrere kleine Schritte möglich und nötig sind, um sich der großen Lösung zu näheren.

Stellen Sie für die Darstellung von Skalen mehrere Methoden zur Verfügung und überlegen Sie, welche Form zu Ihrem Ratsuchenden passt.

Skalierungen bieten sowohl für die aktuelle Standortbestimmung als auch für messbare, aber kleine Veränderungen eine gute Möglichkeit. Vorteilhaft sind Skalen, die von 0 bis 10 reichen. Diese können auf einem Zettel oder einer Flipchart wie ein Thermometer visualisiert werden. Sie können auch als „begehbare Skala“ im Raum ausgelegt werden, wobei einzelne nummerierte Zettel für die jeweiligen Abstufungen stehen.

Wählen Sie eine Funktion für Skalenfragen aus.

WERKZEUGKASTEN
M10 Fragenkatalog: Methoden und Fragen bei Skalen

Skalenfragen haben unterschiedliche Funktionen:

Standortbestimmung: *Stellen Sie sich eine Skala von 0 bis 10 vor. Null ist der Zeitpunkt, an dem die Situation am schwierigsten war und 10 das genaue Gegenteil, der Zustand, an dem das Problem ganz gelöst wurde. Wo zwischen 0 und 10 befinden Sie sich aktuell?*
Wo waren Sie auf der Skala, als wir den Termin hier vereinbart haben? Was ist heute anders?

Wir machen dabei häufig die interessante Erfahrung, dass alleine die Wartezeit zum ersten Beratungstermin eine Veränderung bewirkt hat. Dieses zu ergründen, kann bedeutsame Erkenntnisse bringen.

Fortschrittsskalen: *Angenommen, Sie wären jetzt nicht mehr auf der 3, sondern auf der 4 innerhalb dieser Skala. Woran würden Sie den Unterschied bemerken? Woran würde Ihr Sohn dieses bemerken?*

☐ Öffnen Sie mit zirkulären Fragen den Raum für vielfältige Deutungen und Ansichten über einen Sachverhalt.

Zirkuläre Fragen
Das zirkuläre Fragen ist eine wichtige und effektive Technik in der lösungsorientierten Beratung. Durch das zirkuläre Denken wird der Ratsuchende durch den Berater veranlasst, sich in andere Menschen hineinzubegeben. „Zirkulär" bedeutet in diesem Fall, dass quasi reihum („zirkulär") die Perspektive des Ratsuchenden gewechselt wird. Ein Sachverhalt wird von verschiedenen Seiten und aus der (hypothetischen) Sicht anderer Menschen beurteilt.

- *Was vermutest du: Welche Gründe sieht deine Mutter für dein Verhalten in der Schule?*
- *Wenn ich deinen Vater fragen würde, was würde er sagen?*
- *Wer in deiner Familie kämpft für die Lösung des Problems am meisten?*

☐ Arbeiten Sie mit zirkulären Fragen Stärken und positive Beziehungsstrukturen heraus!

WERKZEUGKASTEN
M11 Fragenkatalog: zirkuläre Fragen

Zirkuläre Fragen decken somit auf: Wie stark wird das Problem von den unterschiedlichen Beteiligten wahrgenommen? Welche Gründe werden gesehen? Diese Art von Fragen erscheint zunächst umständlich: Man könnte ja die entsprechenden Personen auch direkt ansprechen.

Durch das zirkuläre Fragen werden allerdings Einstellungen, Annahmen und Urteile deutlich, die der Befragte in sich trägt. Alle Verhaltensweisen, die Menschen in Beziehungen zueinander zeigen oder nicht zeigen, haben eine kommunikative Wirkung. Sie wirken auf die Beziehung, sie erzeugen Gefühle und bestimmen schlussendlich auch das eigene Verhalten mit. Man kann nicht *nicht* kommunizieren (Watzlawick).
Ein *Beispiel* sind Kinder mit Mutismus. Diese Kinder sprechen nicht oder nur in besonders vertrauten Situationen. Das Verhalten wirkt aber nicht nur auf das Kind selber, sondern sorgt dafür, dass Eltern in hohem Maße besorgt und bemüht um diese Kinder sind – das Verhalten bekommt dadurch eine Funktion.
Zirkuläre Fragen machen, gerade wenn mehrere Personen mit einbezogen werden, die Unterschiede deutlich, unter denen ein Problem erlebt wird.
Zum anderen werden Klienten durch die zirkulären Fragen angeregt, die Sichtweise auf das Thema mit den Augen eines anderen zu sehen, andere mit in die Überlegung einzubeziehen. Aus dem subjektiven Empfinden („Ich habe Recht und so ist es.") werden durch die zirkuläre Sichtweise und Interpretation auch andere Wirklichkeiten in die Beratung einbezogen. Der Vorteil dabei liegt darin, dass Probleme nicht mehr starr und unverrückbar sind, sondern wieder in Bewegung kommen und sich so weiter bearbeiten lassen. Häufig hören wir dabei den Satz: „Ich wusste nicht, dass du es so siehst!"
Zirkuläre Fragen sind kompliziert und nicht immer bekommt man eine Antwort darauf, aber sie erzeugen eine Wirkung bei den am Gespräch Beteiligten.

Geben Sie dem Klienten ein positives Feedback über sein Handeln, seine Fähigkeiten und seine Ressourcen.

Zum Ende der Beratungsstunde:
Kommentare, Komplimente und Hausaufgaben

Grundannahme einer systemisch-lösungsorientierten Beratung ist, dass die Ratsuchenden als selbstverantwortlich und kompetent für die *Lösung* ihres Problems gesehen werden. Wenn Sie echtes Interesse an der Sichtweise und den Erklärungsmustern der Ratsuchenden zeigen, können diese wesentlich unbefangener und offener eigene Lösungsideen aktivieren.
Andererseits suchen Ratsuchende die Beratung in der Regel auf, um zweckdienliche Hinweise zu erhalten, wie sie sich verhalten sollen. Sie sollten zum Ende der Beratung auch zu ihrem Recht kommen.

Kommentare und Komplimente

Nutzen Sie den Abschluss der Beratung auch, um all das aufzuzählen, was der Ratsuchende Richtiges, Nützliches und Gutes tut.
Damit wird erreicht, dass selbst in sehr problemzentrierten Gesprächen der positive Fokus als letzter Eindruck erzeugt wird und dem Ratsuchenden damit selbst kleinste Ressourcen deutlich werden, mit denen er weiterarbeiten kann. Um im Bild zu bleiben: Das Beratungshaus wird wieder verlassen und die Schwelle „Kontakt/Beziehung“ wird erneut überschritten.

Schreiben Sie alle gehörten Stärken auf – sie bilden das Herzstück des Abschlusskommentars.

Der Abschlusskommentar ist kein Ratschlag von der Stange, sondern nimmt genau auf das Bezug, was der Ratsuchende bereits selber an Lösungsideen oder Ressourcen zum Vorschein gebracht hat. Daher ist es empfehlenswert, dass Sie sich alle wesentlichen Ressourcen, die der Ratsuchende äußert, aufschreiben. Sie sind, in den Abschlusskommentar eingebunden, das Herzstück der Beratung.

Legen Sie am Ende der Beratung eine Pause ein und verlassen Sie wenn möglich den Raum, um in Ruhe einen Abschluss zu formulieren. Ratsuchende schätzen in der Regel eine Formulierung wie diese: *Ich möchte jetzt gern eine kurze Pause einlegen, um dir gleich eine Rückmeldung zu geben über das, was ich in dieser Stunde von dir gehört habe.*

Geben Sie einen fachlichen Rat, wenn dieser gewünscht ist. Bieten Sie diesen als eine Option unter anderen an.

In dem Kommentar sollten neben den Komplimenten über die gehörten Ressourcen, die das Handeln und die Person des Ratsuchenden betreffen, auch sachliche, wissenschaftliche oder rechtliche Ratschläge enthalten sein. Achten Sie aber auf altersgerechte Formulierungen.

Verhaltensanregungen sollten nicht direktiv, sondern als hypothetische Handlungsmöglichkeit verpackt sein. Es ist eher ein „Säen von Ideen“.

- *Manche Schülerinnen und Schüler würden in deiner Situation Folgendes ausprobieren …*
- *Ich könnte mir vorstellen, dass du vielleicht mal versuchen kannst …*

Auf diese Weise bleibt die Handlungsfreiheit bei den Klienten. Verbunden mit Wertschätzung, die Sie vermitteln, verringert sich der Widerstand des Klienten, Ideen oder alternative Verhaltensweisen auszuprobieren.

☐ Geben Sie Hausaufgaben auf.

WERKZEUGKASTEN
M12 Kommentare, Komplimente und Hausaufgaben

Hausaufgaben
Die Beratung ist sinnvoll, wenn der Ratsuchende am Ende weiß, was er ausprobieren soll und was in Richtung Lösungsvision geht.

Die einfachste Form mit hoher Wirkung ist eine **Beobachtungsaufgabe:** *Beobachte in den nächsten Wochen, wann es Ausnahmen vom Problem gibt und was dann alles anders ist in deiner Familie.*

Beobachtungsaufgaben haben scheinbar keinen Einfluss, keine Einwirkung auf das Geschehen. Im systemischen Denken verändert allerdings die Beobachtung und die Bewertung einer Situation immer auch das Verhalten.

Ebenfalls sinnvoll ist eine **Verschreibung der kleinen Schritte** (Skalierungen!): *Wenn du einen nächsten kleinen Schritt in die richtige Richtung tun willst, was wäre dies und woran würde deine Mutter den Schritt bemerken?*

TO-DO-LISTE 4

Wen berate ich? Ratsuchende einschätzen

Die Mitarbeit der Menschen, die beraten werden, ist völlig unterschiedlich. Da gibt es diejenigen, die sich sehr rasch auf ein Beratungskonzept einstimmen lassen, mit denen sie gut über Ziele, Ausnahmen, Ressourcen etc. nachdenken können. Es gibt Menschen, die beratungswiderwillig wirken, weil sie möglicherweise „verordnet“ hier gelandet sind. Es gibt die Gruppe von Menschen, die auf der Suche scheinen. Sie haben zwar ein Problem, wissen aber noch nicht, ob sie damit hier gut aufgehoben sind. Und schließlich gibt es die Gruppe der Ratsuchenden, die ein Problem erkennen und beschreiben können, dafür aber alleine die Ursache und die Veränderungserwartung bei anderen sehen.

Je genauer Sie erkennen, welche Art von „Kundschaft“ Ihnen gegenüber sitzt, umso passender können Sie Ihre Fragen formulieren. Auf diese Weise arbeiten Sie ökonomisch, das heißt, dass Sie auch Ihre Energie, Ihren Beratungseinsatz passend dosieren. *Soviel wie nötig, aber so wenig wie möglich.*
Denken Sie immer daran, dass nicht Sie die Person sind, die den Karren zieht.
Sie begleiten den oder die Ratsuchenden.
Die eigentliche Arbeit liegt bei ihm!

In dieser To-do-Liste wollen wir verschiedene Typen von Ratsuchenden betrachten und unterscheiden, um sinnvolle Möglichkeiten der Beratungsarbeit entwickeln zu können.

☐	Klären Sie das Anliegen des „Kunden“.	**Der „Kunde“:** Wenn der Ratsuchende mit einer klaren Zielvorstellung, einer guten Veränderungsmotivation sowie Kompetenzen ausgestattet ist, das Problem mit Ihnen zu bearbeiten, sprechen wir vom „Kunden“. Mit ihm können Sie relativ problemlos durch die verschiedenen Zimmer des Beratungshauses gehen und gute Lösungen erarbeiten. Dem Kunden kann man auch Aufgaben geben, wenn er es wünscht.
☐	Drücken Sie dem „Besucher“ Ihre Hilfe nicht auf, sondern klären Sie, ob Ziele vorhanden sind.	**Der „Besucher“:** Besucher haben in der Regel kein eigenes Ziel, auch keine verbindliche Nachfrage nach Hilfe. Der Leidensdruck ist kaum auszumachen, es ist eher ein „Schaufensterbummler“, der sich Ihre Angebote anschaut und dabei von Thema zu Thema springt. Diese Menschen wirken auch oft, als wären sie auf dem Sprung. Sie behalten in der Beratung ihre Jacke an und bleiben im Kontakt oberflächlich. **Hinweis:** Loben Sie Ressourcen und Kompetenzen über allgemeine Lebensbereiche, aber machen Sie keine weiteren Beratungsangebote. **TIPP:** Beachten Sie Ihre eigenen Emotionen: „Besucher“ schwächen ein Problem häufig ab oder zeigen sich uneinsichtig. Nehmen Sie das in Ihrer Beraterrolle hin, auch wenn Sie das als Pädagogin oder Pädagoge wütend macht.

☐ Lassen Sie am Anfang „Klagende“ klagen und fahren Sie Ihre Beratungsenergie herunter.

Der „Klagende“: Klagende Klienten weisen ebenfalls kein Ziel im eigenen Kontrollbereich auf. Sie beschweren sich über andere und erwarten die Lösung des Problems außerhalb ihres eigenen Zutuns:

- Eltern beschweren sich z. B. über Lehrkräfte, weil diese mit ihrem Kind nicht umgehen können, wohingegen sie als Eltern keine Probleme haben.
- Oder Eltern klagen über den hohen PC-Konsum ihres Kindes, der dazu führt, dass schulisches Lernen oder Bewegung an der frischen Luft deutlich nachgelassen haben.

TIPP: Lassen Sie sich von „Klagenden“ nicht in eine „Problemtrance“ führen. Denn: Eröffnet man mit ihnen das Themenfeld, wer oder was an den Schwierigkeiten verantwortlich sein könnte, kann sich ein breites Panoptikum und damit ein nahezu unlösbarer Problemberg aufbauen. Geben Sie „Klagenden“ zunächst Raum, sich „auszuklagen“. Erst danach können Sie mit zielfokussierenden Fragen *(Was möchten Sie daran ändern?)* oder Fragen nach Bewältigungs-Kompetenzen *(Wie halten Sie das eigentlich unter diesen Umständen aus? Was hilft Ihnen dabei?)* versuchen, in eine Arbeitsphase einzusteigen.

☐ Klären Sie mit unfreiwilligen „Klienten“, wer das Ziel für die Beratung hat und was erreicht werden sollte, damit die Beratung rasch zu Ende sein kann.

Unfreiwillige Ratsuchende: Häufig werden Sie Schülerinnen oder Schüler beraten, die „verordnet“ zu Ihnen geschickt werden oder selber keine Ahnung haben, weshalb sie zum Gespräch kommen sollen. Sie kommen ohne eigenes Ziel. Die Beratungsabsicht und auch das Beratungsziel liegen am ehesten bei dritten Personen, die sie geschickt haben. Sie sind wenig motiviert, zeigen sich skeptisch und misstrauisch.

TIPP: Mit unfreiwilligen Ratsuchenden ist es häufig sinnvoll, über den Nutzen der Beratung für die dritte Person einzusteigen: *Was müssten wir hier erreichen, damit xy zufrieden ist?* Manchmal lassen sich darüber auch Fragen nach einem eigenen Ziel ableiten.

TO-DO-LISTE 5

Wenn es brennt: Krisengespräche führen

Nachdem Sie in den ersten vier To-do-Listen die notwendigen Arbeitsschritte für erfolgreiche Beratungsgespräche gelernt und das notwendige Handwerkszeug erworben haben, sollen Sie nun die notwendigen Schritte für **Krisengespräche** kennen lernen. Im Unterschied zu Beratungsgesprächen, die gut vorbereitet zu einer möglichst schnellen Lösung führen sollen, müssen Krisengespräche oft plötzlich durchgeführt werden. Gute Erfahrungen bei „normalen" Beratungsgesprächen helfen dabei.

☐ Regen Sie die Einrichtung eines schulischen Krisenteams an Ihrer Schule an.	Erst mit den Amokläufen als der denkbar schwersten Form schulischer Krisen hat die Erkenntnis zugenommen, Schülerinnen und Schülern in persönlichen Krisen auch innerhalb des Schulsystems Hilfe anzubieten. In den Notfallordnern der verschiedenen Bundesländer wird die Einrichtung schulischer Krisenteams empfohlen. Diese sorgen mit ihrer Arbeit für klare Ablaufstrukturen in Notfallsituationen und dafür, dass schnell die „richtigen" Beratungslehrer gefunden werden.
☐ Suchen Sie das Gespräch mit den scheinbar unauffälligen Schülern.	Kinder und Jugendliche, die sich in einer persönlichen Krise befinden, scheuen sich oftmals, Erwachsene in der Schule um Unterstützung zu bitten. Sie ziehen sich häufig zurück oder verhalten sich scheinbar unauffällig. Die Gefahr besteht aber, dass sie damit übersehen werden und sich ohne Hilfe von außen ihre Situation weiter verschlimmert. Jeder einzelne Schüler sollte deshalb in der Schule **einen** Erwachsenen haben, der ihn besonders im Blick hat, z. B. durch ein Mentorensystem.
☐ Machen Sie sich Mut zum Gespräch in kritischen Situationen. **WERKZEUGKASTEN** **M13** Hilfen für Krisengespräche	Liegen Hinweise auf kritische Lebensveränderungen vor, ist das Gespräch mit dem Schüler wichtig und unumgänglich. Erinnern Sie sich an die Gesprächstechniken in den To-do-Listen und vergegenwärtigen Sie sich, was Sie schon gelernt haben. (Im Werkzeugkasten stellen wir die Besonderheiten bei Gesprächen zu „Mobbing", „Suizidgefahr", „sexuellem Missbrauch" und „Tod und Trauer" gegenüber.)
☐ Legen Sie ein noch größeres Augenmerk auf den ersten Kontakt in Ihrer Rolle als Berater.	Das wichtigste Merkmal von Beratungsgesprächen in Krisen ist das Thema „Kontakt/Beziehung". Gerade diese sensiblen Themen brauchen sowohl einen „freundlich zugewandten Zuhörer und Begleiter, der sich durch nichts erschrecken lässt, der nicht moralisiert und ermahnt, der ihre ganze Person wahrnimmt und ihnen in dem augenblicklichen emotionalen Chaos Halt gibt". (Hubrig, Ch. & Herrmann, P. 2014, 35).

☐ Schaffen Sie eine gute Gesprächsatmosphäre.	Schaffen Sie, so gut es geht, günstige Gesprächsvoraussetzungen, die dem Schüler deutlich machen, dass das Beratungsgespräch kein Unterricht ist.
☐ Nehmen Sie sich Zeit.	Ein Krisengespräch ist nicht in fünf Minuten zu führen. Sorgen Sie dafür, dass Sie ungestört mindestens eine halbe Stunde Zeit haben.
☐ Hören Sie aktiv zu.	Suchen Sie immer wieder Blickkontakt, stellen Sie Verständnisfragen, spiegeln Sie das Verstandene zurück.
☐ Sprechen Sie das Thema direkt an.	Nach der freundlichen Kontaktaufnahme sollten Sie auf das Thema und Ihre Sorge zu sprechen kommen. Führen Sie keinen Tanz um das Thema (z. B. Suizidabsicht, Mobbing) herum.
☐ Machen Sie deutlich, welche Personen Sie einbeziehen müssen.	Überprüfen Sie, inwieweit professionelle Hilfe notwendig oder schon aktiv ist. Ist das Kindeswohl gefährdet, sind Sie verpflichtet, die Eltern einzubeziehen. Ist das Kindeswohl durch die Familie gefährdet, müssen Sie Fachkräfte, z. B. des Jugendamtes, einbeziehen. Sprechen Sie mit dem Schüler darüber.
☐ Machen Sie deutlich, dass die Angelegenheit Ihnen am Herzen liegt.	Bieten Sie mindestens einen weiteren Folgetermin an. Dieses gibt Halt und Sicherheit, wenn Sie das Vertrauen des Schülers haben.
☐ Organisieren Sie andere Hilfe, wenn Sie sich überfordert fühlen. **WERKZEUGKASTEN** **M13** Hilfen für Krisengespräche	Schließlich: Überprüfen Sie im Vorfeld immer, ob Sie in der Lage sind, diese schwierigen Themen anzusprechen. Wenn Sie durch eigene Belastungen emotional zu sehr betroffen sind, sollten nicht Sie das Gespräch führen, aber es sollte klar sein, wer dies stattdessen tun kann. Weitere spezifische Hinweise und konkrete Techniken für folgende Krisengespräche: – Mobbing – Suizidgefahr – Verdacht auf sexuellen Missbrauch – Umgang mit Tod und Trauer finden Sie im Werkzeugkasten.

TO-DO-LISTE 6

Wenn es weh tut: Kritikgespräche führen

Kritikgespräche sind besondere Beratungsgespräche. Meistens gehen ihnen heftige Gefühle voraus. Vielleicht fühlen Sie sich von der Verhaltensweise einer Person genervt, verletzt, bedroht und Sie wünschen, dass dieses Verhalten eingestellt wird.

Oder Sie möchten umgekehrt, dass Ihr Gegenüber ein Verhalten zu zeigen beginnt, das Sie für angemessen halten. Das kann z. B. ein Schüler sein, der an seine Materialien oder seine Hausaufgaben denken oder nicht mehr schwänzen soll. In jedem Fall haben Sie in Kritikgesprächen keine neutrale Position inne, sondern ein eigenes Ziel: nämlich Kritik zu üben, um so eine Verhaltensänderung zu bewirken.

☐	Bereiten Sie sich gut auf ein Kritikgespräch vor.	Kritikgespräche sind heikel, weil die Gefahr besteht, dass das Gegenüber ebenfalls mit heftigen Gefühlen reagiert, sich ängstlich, genervt oder angegriffen fühlt. Deshalb ist eine gute Vorbereitung unerlässlich
☐	Finden Sie heraus, welches eigene Ziel Sie mit diesem Kritikgespräch verfolgen.	Es ist ein großer Unterschied, – ob Sie nur Ihren Ärger ausdrücken wollen *(Ich möchte erreichen, dass Robert meine Sichtweise kennenlernt und akzeptiert.)*, – ihr Gegenüber zum Nachdenken anregen wollen *(Ich möchte Robert helfen, sein Potential zu entfalten. Ich halte dies für meine Aufgabe als gute Lehrerin.)* oder – ob Sie eine Verhaltensänderung beim Gegenüber erwarten.
☐	Erkunden Sie Ihre eigenen Gefühle und Wünsche.	Fragen Sie sich, welche Gefühle bei Ihnen mit der zu kritisierenden Verhaltensweise verbunden sind, z. B. *Ich bin enttäuscht, weil ich von Robert mehr erwartet hatte.*
☐	Schaffen Sie Distanz zu starken oder übermächtigen Gefühlen.	Wenn Sie emotional sehr stark betroffen sind, schlafen Sie mindestens eine Nacht darüber und betrachten Sie die ganze Situation nochmal mit mehr Abstand. Laden Sie dann rechtzeitig zum Termin ein oder warten Sie eine günstige, möglichst entspannte Situation ab. Planen Sie genügend Zeit für das Gespräch ein.

☐	Beachten Sie, was Sie bisher zum Thema „Gesprächsführung“ gelernt haben.	Achten Sie während des Gespräches darauf, nicht um den „heißen Brei herumzureden“. Kommen Sie nach einem einleitenden freundlichen Satz direkt zur Sache.
☐	Formulieren Sie Ich-Botschaften.	Formulieren Sie z. B. **statt:** *Du bist immer so vorlaut!*, **lieber:** *Ich ärgere mich, wenn du dazwischen redest.*
☐	Unterstellen Sie positive Absichten.	Sagen Sie z. B.: *Ich vermute, dass du schlecht abwarten kannst, weil du zu diesem Thema ein großes Wissen mitbringst …*
☐	Bleiben Sie ein Vorbild, was Höflichkeit angeht.	Wenn Sie als Lehrkraft Höflichkeit von den Schülern erwarten, seien Sie ein positives Modell, was die Auswahl von Wörtern angeht.
☐	Formulieren Sie Ihre Wünsche.	Haben Sie Ihre Wünsche für sich klar formuliert, geben Sie diese präzise formuliert weiter, z. B.: *Ich wünsche mir, dass du dich in Zukunft meldest und auch den anderen eine Chance gibst, etwas zum Unterricht beizutragen.*
☐	Machen Sie deutlich, dass die Angelegenheit Ihnen am Herzen liegt.	Bieten Sie mindestens einen weiteren Folgetermin an. Dieses gibt Halt und Sicherheit, wenn Sie das Vertrauen des Schülers haben.
☐	Geben Sie auch den Vorschlägen des Gegenübers eine Chance. **WERKZEUGKASTEN** **M14** Tipps für Kritikgespräche	Hören Sie gut zu, welche Vorschläge Ihr Gegenüber macht. Vielleicht decken Sie sich mit Ihren Vorschlägen, werden aber besser verfolgt, wenn Sie vom Gegenüber selbst formuliert werden. Suchen Sie nach einer *gemeinsamen* Lösung. Bleiben Sie kompromissbereit!

TO-DO-LISTE 7

Vorsicht! Mit Stolpersteinen in der Beratung umgehen

In den To-do-Listen 5 und 6 haben Sie die Besonderheiten von Krisen- und Kritikgesprächen kennen gelernt und wurden auf Schritte und Strategien aufmerksam gemacht, wie Sie diese Besonderheiten erfolgreich berücksichtigen können. Nun sollen abschließend einige Arbeitsschritte aufgelistet werden, die Ihnen helfen können, in Beratungssituationen nicht zu „stolpern".

☐ Seien Sie auf Stolpersteine vorbereitet.

Auf dem Weg der Beratung liegen leider häufig auch Stolpersteine. Es ist hilfreich, darauf vorbereitet zu sein, damit Sie über sie hinweghüpfen oder sie umgehen können. Manche Stolpersteine werden versehentlich von Ihnen selbst dort fallengelassen, andere haben mit dem/der Gesprächspartner/in zu tun.

☐ Vermeiden Sie eine Eskalation, wenn Ihr Gegenüber ausfallend wird.

Ihr Gegenüber braust auf: Es ist wenig sinnvoll, die Angriffe persönlich zu nehmen und ebenfalls aufzubrausen und damit eine Eskalation in Kauf nehmen. Hören Sie lieber mit dem „Selbstoffenbarungsohr", deuten Sie die heftigen Worte als Zeichen der großen Erregung und sagen Sie z. B.: *Ich höre deinen großen Ärger. Das macht mich sehr betroffen. Kannst du bitte nochmal genau beschreiben, was du dir von mir wünschst.*

So vermeiden Sie das Aufschaukeln der Emotionen und wirken gleichzeitig wie ein gutes Vorbild, an dem der oder die Gesprächspartner/in sich orientieren kann.

☐ Nutzen Sie das Schweigen Ihres Gegenübers positiv.

Ihr Gegenüber sagt fast gar nichts: Sie haben das Gefühl, um jede Äußerung kämpfen zu müssen. Sie haben mehrere Möglichkeiten, professionell zu reagieren.

- Sie können bei Ihrem Konzept bleiben und weiter Fragen stellen.
- Sie können aber auch das Schweigen eine Zeit lang aushalten und hoffen, dass die Fragen ihre Wirkung entfalten, auch wenn der Gesprächspartner seine Gedanken nicht in Worte kleidet.
- Oder Sie machen das Schweigen zum Thema. Deuten Sie es positiv und fragen Sie z. B.: *Sie sind sehr vorsichtig damit, Ihre Gedanken zu äußern. Das kann ich in dieser Situation sehr gut verstehen. Was muss ich tun, um Ihr Vertrauen zu gewinnen?*

☐ Bringen Sie auch Vielredner zum Ziel.

Ihr Gesprächspartner redet ohne Punkt und Komma: Es gibt mindestens zwei Arten von Vielrednern. Da sind diejenigen mit Nachholbedarf, die im Alltag wenig Gelegenheit haben zu sprechen. Werten Sie diese Gedankenflut als Schatz, der mit Ihrer Hilfe nur noch geordnet werden muss. Holen Sie sich die Erlaubnis dazu, z. B.: *Ich höre, dass Sie sich schon sehr viele Gedanken dazu gemacht haben. Sollen wir gemeinsam versuchen, sie ein wenig zu strukturieren?*

Andere Vielredner wollen vom eigentlichen Thema ablenken. Sie reden und reden, um Ihre Fragen nicht hören zu müssen, weil sie ihnen Angst machen. Sie reihen eine Klage an die andere und wollen damit deutlich machen, dass sie keine Schuld trifft. Hören Sie sich die Klagen geduldig an und nehmen Sie den Rednern die Schuldgefühle, sagen Sie z. B.: *Sie machen sehr deutlich, dass Sie gar keinen Einfluss auf die Situation gehabt haben. Sollen wir nun gemeinsam darüber nachdenken, wie Sie Einfluss gewinnen können?* Fassen Sie die Gedanken zusammen und werten Sie sie so positiv wie möglich, um den Gesprächspartnern die Sorge zu nehmen. (s. To-do-Liste 4: „Klagende“)

☐ Vermeiden Sie Ratschläge besonders bei Ratsuchenden, die schon alles versucht haben.

Ihr Gesprächspartner spricht immer neue Themen an, bevor für eines eine Lösung gefunden wurde: Auch dieser Gesprächspartner möchte wahrscheinlich lieber klagen, als eine Lösung zu erarbeiten. Möglicherweise möchte er deutlich machen, dass er schon alles versucht hat, um eine Lösung zu finden. Sie als Berater sollten vermeiden, noch einen weiteren guten Ratschlag hinzuzufügen. Fragen Sie lieber: *Du hast schon so viel probiert, um das Problem zu lösen. Nehmen wir mal an, das Problem ist nicht zu lösen. Wie könntest du damit umgehen, dass alles einfach so bleiben muss, wie es ist?*

Entweder geht es im weiteren Gesprächsverlauf dann darum, wie er/sie anders über das Problem denken kann oder es werden Kräfte für einen letzten Versuch mobilisiert. Halten Sie sich aber auch in diesem Fall mit Ratschlägen zurück. Gerade Ratsuchende, die schon „alles“ versucht haben, fühlen sich nicht gut beraten, wenn sie Ratschläge hören. Sie werden versuchen, deutlich zu machen, dass sie auch dies schon versucht haben oder dass es aus verschiedenen Gründen nicht möglich ist, diesen Ratschlag zu verfolgen. Würden sie den Ratschlag annehmen, müssten sie sich eingestehen, daran noch nicht gedacht oder es bislang noch nicht ernsthaft versucht zu haben.

☐ Achten Sie darauf, dass die Ratsuchenden ihre Aufgaben selbst erledigen.

Ihr Gesprächspartner versucht, Sie vor seinen Karren zu spannen: Ratsuchende bringen Sie häufig in eine Situation, in der Sie die Aufgaben übernehmen, die eigentlich der Ratsuchende selbst erfüllen müsste: Kämpfe mit einem Widersacher, unangenehme Anrufe, dem Kind Konsequenzen aufzeigen, an Termine erinnern etc.

Aber wie können Sie sich davor hüten? Spannen Sie das „Selbstoffenbarungsohr" auf. Hören Sie den Wunsch und thematisieren Sie ihn, z. B.:
Ich höre heraus, dass Sie Sorge haben, Ihrem Kind die Grenzen aufzuzeigen. Ich frage mich, was Sie brauchen, um es tun zu können?
So machen Sie deutlich, dass Sie nicht in Frage stellen, dass es viel sinnvoller ist, wenn der Ratsuchende die Aufgabe selbst übernimmt. Sie machen auf der anderen Seite deutlich, dass Sie bereit sind, gemeinsam mit dem Ratsuchenden darüber nachzudenken, was ihm helfen würde, es zu tun.

☐ Betrachten Sie Gefühlsäußerungen als etwas Normales, auch bei sich selbst.

Ihr Gesprächspartner fängt an, bitterlich zu weinen: Weinen ist eine ganz normale emotionale Reaktion und sollte auch so bewertet werden. Weichen Sie wegen des Weinens nicht von Ihrem Konzept ab, Fragen zu stellen und auf Ratschläge zu verzichten. Hier sind also einerseits die Erlaubnis zum Weinen, Empathie und ein Taschentuch gefragt und andererseits die weitere Suche nach der Lösung des Problems. Lassen Sie sich nicht von dem Weinen paralysieren. Dies ist ein entscheidender Unterschied zwischen Ihnen als einem professionellen Berater und einer guten Freundin oder einem Familienmitglied. Der Ratsuchende möchte nicht, dass Sie mit ihm zusammen weinen. Er möchte in der Regel auch nicht immer tiefer in die traurige Stimmung hineingeraten oder gar dort gefangen bleiben. Er möchte die Erlaubnis zum Weinen, aber vor allem neue Wege, um z. B. aus der Trauer herauszufinden.

☐ Versuchen Sie, professionelle Distanz durch Perspektivenwechsel zu erreichen.

Wenn Sie selbst traurig werden, erschrecken Sie nicht.
Wenn Sie selbst weinen müssen, stellt dies kein Problem dar, wenn es Ihnen in angemessener Zeit gelingt, sich von der Situation zu distanzieren. Wir Menschen besitzen in der Regel die Fähigkeit zum Mitleiden. Sie sollten sich jedoch fragen, wo genau Ihre eigene emotionale Beteiligung liegt und sich bei Bedarf selbst professionelle Unterstützung suchen.

Wenn Sie wütend werden, kann es sehr irritierend sein.
Möglicherweise können Sie das Gefühl auch zunächst nicht einordnen. Richtet sich die Wut auf ein Gegenüber, das nicht zugegen ist, laufen Sie Gefahr, sich ungewollt auf die Seite des Gesprächspartners zu stellen und Ihre Neutralität zu verlassen. In diesem Fall ist es hilfreich, sich die unterschiedlichen Wahrnehmungen zu vergegenwärtigen und die anderen Perspektiven mitzudenken. Der Ratsuchenden hilft es wenig, wenn Sie mit ihr in ein Horn blasen. Professionelle Hilfe bedeutet auch das Sichtbarmachen und Einbeziehen der anderen versteckten Sichtweisen, um eine gute Lösung für alle Beteiligten zu finden.

	Werden Sie wütend auf den Gesprächspartner, hilft Ihnen möglicherweise auch die innerliche Auseinandersetzung mit den verschiedenen Wahrnehmungsmöglichkeiten. Fragen Sie sich, was Sie so wütend macht. Suchen Sie im Sinne eines Reframings nach einer hilfreichen Bedeutung für das Verhalten des Gesprächspartners (siehe oben). Falls Sie das dringende Bedürfnis haben, sich dazu zu äußern, formulieren Sie eine sogenannte Ich-Botschaft, z. B.: *Ich merke, dass ich wütend werde, wenn Sie mich so beschuldigen. Darf ich Ihnen erklären, wie es aus meiner Sicht zu dieser unglücklichen Situation gekommen ist?*
☐ Wenn Ratschläge unvermeidbar sind, verpacken Sie sie klug.	**Ihnen fallen nur noch Ratschläge ein:** Es gibt Gesprächssituationen, in denen man als Beraterin viele gute Ideen hat, wie der Ratsuchende sich in Bezug auf sein Problem verhalten sollte. Andererseits wissen Sie, dass Ratschläge oft nicht angenommen werden. Sie möchten sagen: *Haben Sie schon mal dieses oder jenes probiert?* oder *Versuchen Sie doch mal X oder Y!* In solchen Fällen kann es helfen, die Ratschläge wie ein Geschenk gut zu verpacken. Machen Sie deutlich, dass jetzt etwas Besonderes kommt. Sie können z. B. um Erlaubnis fragen: *Darf ich Ihnen an dieser Stelle schon einen Vorschlag machen?* Sie können auch eine Einführungsgeschichte erzählen: *Ich hatte mal ein Gespräch mit einer Mutter, die war in einer ähnlichen Situation wie Sie. Ich habe ihr damals geraten, …"* oder *„Als meine Schwester damals ihr erstes Kind zur Schule anmeldete … wissen Sie, was ihr damals durch den Kopf ging. Sie hat dann trotzdem Folgendes gemacht: …*
☐ Behalten Sie den Gesprächsfaden in der Hand, indem Sie immer wieder die Metaposition einnehmen.	**Sie haben das Gefühl, das Gespräch geht in eine Richtung, die Sie nicht angesteuert haben.** Die Gesprächspartner kommen z. B. zu einem Thema aus dem privaten Bereich, das den Rahmen eines Schulgespräches sprengt. Oder ein Gesprächspartner erwähnt eine Lösung, die dann von allen Seiten beleuchtet wird, während die Lösung, die Sie gern besprechen wollten, aus den Augen verloren geht. Hier hilft es, die sogenannte Metaposition einzunehmen. Dazu schwingen Sie sich zur Vogelperspektive auf und fragen z. B.: *Wenn wir jetzt weiter bei diesem Thema bleiben, sind wir dann noch auf dem richtigen Weg oder sollten wir die Diskussion lieber in Richtung … führen?*
☐ Greifen Sie auf sprachliche „Tricks" zurück. **WERKZEUGKASTEN** **M15** Sprachliche Tricks	Sie sind bei Beratungsgesprächen nicht für die Lösung verantwortlich, das ist die Aufgabe der Ratsuchenden (Schüler, Eltern etc.). Aber es ist Ihre Aufgabe, das Gespräch zu führen und „am Laufen zu halten". Dies bedeutet nicht nur Stolpersteine zu umgehen, sondern auch immer wieder Brücken zu schlagen.

WERKZEUGKASTEN

Hier finden Sie zu den verschiedenen Aufgaben, die sich bei der Vorbereitung und Durchführung von Beratungsgesprächen stellen, passende Materialien, häufig als Checklisten oder Fragenkataloge angelegt. Wir möchten Sie dazu anregen, bei Ihrer konkreten Vorbereitung oder nach der Durchführung von Beratungsgesprächen Ihre Erfahrungen zu reflektieren und die angebotenen Hilfen zu ergänzen:

- Welche Hinweise, Fragen ... haben sich sehr gut bewährt?
- Welche Hinweise, Fragen ... waren nur schwer umzusetzen?
- Welche Hinweise, Fragen ... möchten Sie ergänzen?

Achten Sie bei den Fragelisten besonders darauf, die Fragen so zu formulieren, wie Sie sie mündlich stellen.

Vorbereitung auf das Beratungsgespräch

M1

Checkliste: Vorbereitung auf das Beratungsgespräch

Klasse: ______________ Datum: __________________

Es geht um den Schüler/die Schülerin: ______________________________

Thema: ______________________________

Wie *dringlich* ist das Gespräch für Sie? ______________________________

für den Schüler? ______________________________

für die Eltern? ______________________________

Wie *wichtig* ist das Gespräch für Sie? ______________________________

für den Schüler? ______________________________

für die Eltern? ______________________________

Wie viel *Zeit* ist für das Gespräch nötig? ______________________________

Welcher *Zeitpunkt* im Laufe des Tages ist von Ihrer Seite sinnvoll? ______________________________

Welcher *Zeitpunkt* ist für den Ratsuchenden sinnvoll? ______________________________

Steht ein ruhiger *Raum* mit angemessener Größe zur Verfügung? ______________________________

Sind *Tisch* und *Stühle* in angemessener Höhe und Anzahl vorhanden? ______________________________

Sorgen Sie für eine angenehme *Gesprächsatmosphäre*: Wollen Sie etwas zu trinken anbieten? Ist der Gesprächsplatz aufgeräumt? Sind Blumen sinnvoll? ______________________________

Notieren Sie hier, was noch zu tun ist:

____

____

M2 Zum Beratungsgespräch einladen

Es können unterschiedliche Voraussetzungen gegeben sein:
a) Nur Sie sehen die Notwendigkeit für ein Beratungsgespräch.
b) Der Schüler/die Eltern haben zwar eine Frage/ein Problem, das sie vortragen, das sie aber „auf die Schnelle" lösen wollen.
c) Schüler/Eltern sehen die Notwendigkeit für ein Beratungsgespräch.

Im Fall b) kann von dem grundsätzlichen Gesprächsbedarf ausgegangen werden, denn der Schüler/die Eltern treten an Sie heran. Nehmen Sie dies als Anlass, auf die Notwendigkeit eines Beratungsgesprächs hinzuweisen. Deuten Sie an, dass das Problem zwar *nicht* auf die Schnelle (zwischen Tür und Angel) gelöst werden kann, dass Sie es gemeinsam aber *schnell* lösen wollen.

Hilfreich könnte dabei eine Formulierung wie diese sein (im Blick auf Eltern bei einem Elternsprechtag oder am Telefon):
Ich sehe, dass Sie die Frage sehr beschäftigt. Ich möchte mir gerne Zeit dafür nehmen, um die Dinge mit Ihnen in Ruhe zu besprechen. Bitte lassen Sie uns diesen kurzen Moment nutzen, um einen Termin dafür zu vereinbaren!

Oder zu einem Schüler, der Sie nach dem Unterricht anspricht:
Das finde ich sehr gut, dass du mich darauf ansprichst. Auch ich bin der Meinung, dass wir eine Lösung suchen sollen. Aber das geht nicht zwischen Tür und Angel. Lass uns kurz absprechen, wann wir für ein etwas längeres Gespräch Zeit haben.

Für den problematischen Fall a) (Sie haben Gesprächsbedarf, aber nicht der Schüler bzw. die Eltern) gibt es nur *Klarheit und Offenheit*: Sie teilen Ihren Gesprächsbedarf mit. Umso wichtiger ist in diesem Fall aber die Form.
Suchen Sie möglichst *unmittelbaren Kontakt*. Dies ist bei Schülern nicht schwer, da Sie den Schüler leicht in der Schule oder nach dem Unterricht ansprechen können. Achten Sie dabei darauf, dass Sie mit dem Schüler ungestört und ohne Zeugen reden können, damit dieser sich nicht bloßgestellt fühlt.
Bei Eltern ist dies etwas schwieriger; aber auch hier können Sie den Kontakt zunächst über den Schüler herstellen und darum bitten, anrufen zu dürfen (genauer Termin) oder angerufen zu werden (möglichst konkrete Termine, etwa: heute/morgen … zwischen 18.00 und 19.00 Uhr).

Machen Sie in Ihrem Telefongespräch deutlich, dass Sie alle ein gemeinsames Ziel haben, nämlich: sich auf Dinge zu einigen, die Schwierigkeiten beheben oder Probleme lösen können. Denn es ist für den Erfolg des Beratungsgespräches äußerst wichtig, dass Schüler/Eltern für das Beratungsgespräch offen sind.
Laden Sie zu einem Beratungsgespräch nicht schriftlich ein (anders ist das bei einem „Ordnungsgespräch", in dem nicht eine Beratung, sondern die Feststellung von erheblichen Ordnungsdefiziten bis hin zu Ordnungsmaßnahmen im Mittelpunkt steht).

Natürlich können Sie (in manchen Fällen sollten Sie) nach dem Telefongespräch Ihre Terminvereinbarung nochmals schriftlich bestätigen.

Checkliste: Aktives Zuhören

M3

Wie drücke ich aktives Zuhören aus?

Günstige mimische Signale geben:

- ❑ immer wieder Blickkontakt aufnehmen
- ❑ bei Zustimmung nicken
- ❑ freundlicher Gesichtsausdruck
- ❑ ...

Die Körperhaltung kontrollieren:

- ❑ sich dem/den Ratsuchenden zuwenden
- ❑ keine verschränkten Arme vor der Brust
- ❑ nicht weit zurücklehnen
- ❑ nicht mit dem Stift spielen
- ❑ ...

Sprachliche Signale senden:

- ❑ Interjektionen einsetzen wie Aha, Ja, Hm
- ❑ emotionale Inhalte des Ratsuchenden mit eigenen Worten kurz wiedergeben
- ❑ den Stand der Dinge ab und zu zusammenfassen
- ❑ Aussagen, die Sie bestätigen können oder wollen, aufgreifen
- ❑ Interesse zeigen durch Nachfragen
- ❑ ...

Fragenkatalog: Fragen nach Zielen

M4

Das Beispiel zeigt Ihnen, wie Sie in einem Beratungsgespräch nach Zielen fragen können:

Lehrer: *Was möchtest du erreichen?*
Schüler: Ich möchte im Unterricht aufmerksamer werden.
L: *Was würdest du denn tun, wenn du aufmerksamer wärest?*
S: Ich würde meine Bücher und Hefte auf dem Tisch liegen haben und mich nicht immer zu meinen Klassenkameraden umschauen und immer mitarbeiten.
L: *Das hört sich nach einer sehr schwierigen Aufgabe an. Was wäre denn dein erster Schritt in diese Richtung?*
S: Ich würde nicht mehr mit den anderen quatschen.
L: *Was würdest du denn stattdessen tun?*
S: Ich würde nach vorn schauen zu Ihnen und den anderen Lehrern.
L: *Was würden denn die anderen wahrnehmen, wenn du dies so tun würdest?*
S: Sie würden natürlich mitkriegen, dass ich mich nicht mehr mit ihnen unterhalte.
L: *Was würden sie dann tun, wenn du nicht mehr mit ihnen sprichst?*
S: Matthias würde bestimmt weiter versuchen, mit mir zu reden?
L: *Was würdest du dann tun?*

S: Dann müsste ich mit ihm darüber sprechen, dass ich das nicht mehr will?
L: *Wie würde Matthias dann über dich denken? Wäre er vielleicht sogar sauer auf dich oder fände dich nicht mehr so cool?*
S: Wenn ich es ihm erkläre, wird er mich verstehen. Er ist ja mein Freund und will auch nicht, dass ich sitzen bleibe.
L: *Okay, dann bin ich gespannt, was ich in den nächsten Tagen an Veränderung bei dir bemerke. Danke für das Gespräch.*

Fragen nach Zielen

Klasse: ______________ Datum: ______________

Es geht um den Schüler/die Schülerin: ______________________________

Thema: ______________________________

Was möchten Sie erreichen? ______________________________

____

Was werden **Sie** tun? ______________________________

____

Was werden Sie **stattdessen** tun, wenn Sie nicht mehr xy tun werden? ______________________________

____

Was wäre ein **erster Schritt** hin zu Ihrem Ziel? ______________________________

____

Was genau werden Sie tun, wenn Sie dabei sind, Ihr Ziel zu erreichen? *Wie* wird es aussehen, sich anhören, sich anfühlen?
(Herstellen eines Lösungs-Filmes) ______________________________

____

Was werden andere (von außen) sehen, hören, empfinden? ______________________________

____

____

Was wäre ein **erster kleiner Schritt** auf dem Weg zu Ihrem Ziel? ______________________________

____

Was **genau** möchten Sie tun, wenn das Problem sich nicht ändert? (bei Klagen) ______________________________

____

Würde es auch **Nachteile** haben, wenn Sie das Ziel erreicht hätten, für Sie oder andere?
Was würden Sie vielleicht verlieren oder aufgeben müssen? ______________________________

____

____

Fragenkatalog: Fragen nach Ausnahmen

M5

Fragen nach Ausnahmen

Klasse: ______________ Datum: __________________

Es geht um den Schüler/die Schülerin: ______________________________

Thema: ______________________________

Hervorlocken von Ausnahmen

Wann zuletzt trat das Problem **nicht** auf?

____

Wann zuletzt war die Situation ein bisschen so, wie du es dir wünschst?

____

Spezifizieren der Ausnahmesituation

Was genau war in diesen Zeiten anders? (unspezifische Frage)

____

Wie konntest du dich in diesen Zeiten anders verhalten? (auf das Verhalten bezogene Frage)

____

Wo warst du, als du dich entspannter gefühlt hast? (auf den Ort bezogen)

____

Wer war in dieser Zeit bei dir? (auf Personen bezogen)

____

Wie haben andere sich in dieser Zeit verhalten? (auf Verhalten anderer bezogen)

____

Was hat dir geholfen, das Problem von einer anderen Seite zu sehen? (auf Sichtweisen bezogen)

____

Wie konntest du in diesen Zeiten anders über sich denken? (auf die Einstellung über sich selbst bezogen)

____

Aufrechterhalten der Ausnahmesituation

Wie, denkst du, wirst du diese Ausnahme aufrechterhalten können?

____

Wie werden andere merken, dass du diese Ausnahmen aufrechterhältst?

____

Wie wirst du dich daran erinnern, dass du die Ausnahme aufrechterhältst?

____

M6 Fragenkatalog: Fragen nach Ressourcen

Fragen nach Ressourcen

Klasse: ______________ Datum: __________________

Es geht um den Schüler/die Schülerin: ______________________________

Thema: ______________________________

Hervorlocken von Ressourcen

Du hast mir jetzt von vielen schwierigen Situationen erzählt, wie hast du es geschafft, das alles auszuhalten?

____

Wer oder was hat dir dabei geholfen, dies auszuhalten?

____

Wie hast du es bei all diesen Schwierigkeiten erreicht, so weit zu kommen?

____

Was muss man wissen/welche Fähigkeiten muss man haben, um mit x/y umgehen zu können?

____

Wie wird dieses Wissen/wie werden diese Fähigkeiten bei der Lösung dieses Problems hilfreich sein?

____

Welche Fähigkeiten hast du bei anderen beobachtet, die helfen, mit solchen Situationen umzugehen?

____

Was müsstest du tun, um diese Fähigkeiten zu entwickeln?

____

Spezifizieren von Ressourcen

Wie genau würde es aussehen, wenn du diese Fähigkeit zeigst?

____

Wie genau würde es sich anfühlen, wenn du diese Fähigkeit entwickelt hättest?

____

Woran genau würden andere (z.B. deine Mitschüler) merken, dass du diese Fähigkeit entwickelt hast?

____

Wie würde es sich anhören (z.B. deine Stimme), wenn du selbstsicherer wärst?

____

Fragenkatalog: hypothetische Lösungen entwickeln

Fragenkatalog: hypothetische Lösungen entwickeln

Kleine Tranceinduktion
Ich kann wirklich gut verstehen, dass dieses Problem sehr bedrückend für dich ist und dich zwingt, dich damit mehr zu beschäftigen, als dir lieb ist. Und ich weiß nicht, wie du das machen wirst, wenn ich dich bitte, deine Gedanken und Gefühle jetzt einmal für einen kurzen Augenblick nach innen zu richten, während du auf meine Frage hörst …

An die Tranceübung wird dann eine hypothetische Frage angehängt:

Einfachste hypothetische Frage
Was wäre für dich anders, wenn das Problem gelöst wäre?

So-tun-als-ob-Frage
Lass uns doch einfach mal so tun, als ob das Problem gelöst wäre, was würdest du anders machen?

Letzte-Sitzung-Frage
Stell dir vor, dies wäre unser letztes Gespräch und das Problem wäre gelöst oder du könntest anders darüber denken oder du wärst dabei, das Problem zu lösen: Was genau würdest du anders machen?

Entscheidungsfindungen
Stell dir vor, du hättest dich noch nicht entschieden, aber du wärst dabei, dies zu tun, was würdest du anders machen als jetzt?

Antwort-„Weiß-nicht"-Frage
Angenommen, du wüsstest es doch irgendwie ... was würdest du dann sagen?

Wahrnehmungspositionen
Stell dir vor, das Problem wäre gelöst.
- Was würdest du sehen, wenn du dich durch ein Schlüsselloch beobachten könntest?
- Was könntest du dann über dich sagen?
- Woran würden andere dies bemerken?
- Was würden andere über dich sagen?

Wunderfrage
Stell dir vor, es wäre Nacht und du schliefst und während du schliefst, geschähe ein Wunder und das Problem wäre für dich gelöst. Wie würdest du das als Erstes merken, wenn du aufwachst ..., aufstehst ..., duschst ..., frühstückst? Was wäre anders für dich? Woran würde X dies erkennen, ohne dass du es ihm sagst?

Kinder-Wunder-Frage
Wenn wir einen Zauberstab hätten und zaubern könnten und „Simsalabim" wäre das Problem gelöst, woran würdest du dies merken … und deine Eltern/deine Freunde?

Wunderfrage „auf dem Weg zu"
Wenn in dieser Nacht ein Wunder geschähe und du wachtest auf und bemerktest, du wärst dabei, das Problem zu lösen, was würdest du dann anderes tun?

M8 Checkliste: Übergänge von einem zum anderen Beratungszimmer

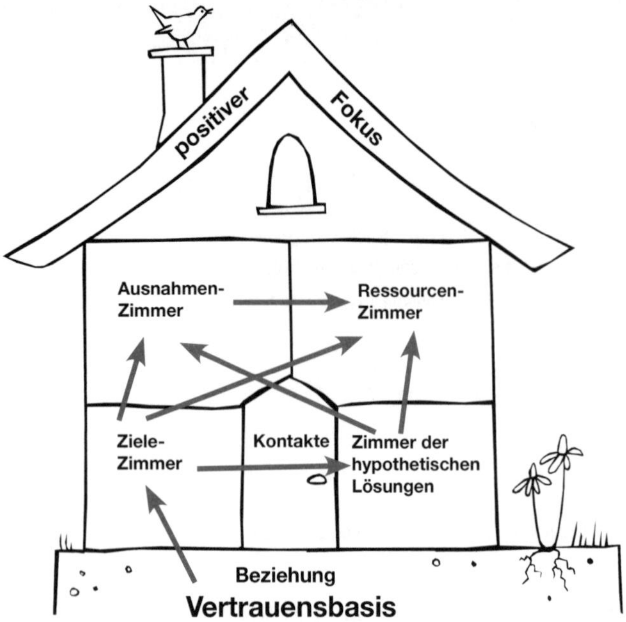

Checkliste: Übergänge von einem zum anderen Beratungszimmer

Vom Problem ...

... zum Ziel:

Was möchtest du erreichen, wenn du herkommst?

Zielkriterien:		
1. im eigenen Kontrollbereich	→	Was möchtest du erreichen?
2. positiv formuliert	→	Was stattdessen ...?
3. prozesshaft	→	Was wirst du tun?
4. im Hier und Jetzt	→	Wenn du heute damit beginnst ...?
5. sinnesspezifisch konkret	→	Wie genau wird es aussehen, sich anhören ..?
6. in der Sprache des Ratsuchenden		

... zur Ausnahme:

Wann tritt das Problem schwächer oder gar nicht auf?

... zu den Ressourcen:

So, wie du das Problem schilderst: Wie hast du es geschafft, damit umzugehen?

... zu den hypothetischen Lösungen?

Stell dir vor, das Problem wäre gelöst, was genau wäre dann anders?

Vom Ziel ...

... zu den Ausnahmen:

Wann war die Situation schon mal so ähnlich, wie du sie gerade als Ziel/Wunsch beschrieben hast?

... zu den Ressourcen:

Das, was du gerade als Ziel beschrieben hast ..., welche deiner Fähigkeiten benötigst du, um einen Schritt in diese Richtung zu machen?

... zu den hypothetischen Lösungen:

Stell dir vor, du wachst eines Tages auf und die Situation ist genauso, wie du sie gerade als Wunschvorstellung beschrieben hast, ... was genau wäre dann anders?

Von den Ausnahmen ...

... zu den Zielen:
Wenn das, was du gerade als Ausnahme beschrieben hast, häufiger vorkommen würde, wärst du dann auf dem Weg zu deinem Ziel?

... zu den Ressourcen:
Wenn du das, was du gerade als Ausnahme beschrieben hast, häufiger machen wolltest, welche deiner Fähigkeiten benötigst du dann?

... zu den hypothetischen Lösungen:
Stell dir vor, das, was du gerade als Ausnahme beschrieben hast, wäre über Nacht zum Regelfall geworden, woran würdest du das genau merken?

... zu den Zielen:
Wenn du diese Fähigkeiten häufiger zur Verfügung stehen hättest, in welche Richtung möchtest du deine Situation entwickeln, was wird dann dein Ziel sein?

Von den Ressourcen ...

... zu den Ausnahmen:
Wann in deiner Vergangenheit hattest du diese Fähigkeit zur Verfügung?
Erinnerst du dich an die Situation?

... zu den hypothetischen Lösungen:
Stell dir vor, du hättest alle diese Fähigkeiten zur Verfügung, wie würde dann ein Wunder aussehen können, das dir über Nacht passiert?

Von den hypothetischen Lösungen ...

... zu den Zielen:
Wie würde es aussehen, wenn du das, was du gerade als Wunder beschrieben hast, ein klein wenig heute geschehen lassen würdest?

... zu den Ausnahmen:
Wann geschieht das, was du gerade beschrieben hast, schon ein klein wenig?

... zu den Ressourcen:
Welche Fähigkeiten benötigst du, wenn du das, was du als Wunder beschrieben hast, geschehen lassen möchtest?

Wenn Sie als Lehrerin oder Lehrer das Bild des Beratungshauses nutzen, können Sie mit den Fragen dieser Checkliste die Übergänge von einem „Zimmer" ins andere gestalten.
Machen Sie sich vor dem Gespräch schon mal mit den verschiedenen Fragemöglichkeiten vertraut, damit Sie während des Gesprächs nicht lange herumsuchen müssen.
Es ist auch möglich, dass Sie sich schon konkrete Fragen mit Blick auf das Problem, das Ziel etc. aufschreiben, sofern Sie bereits klare Vorstellungen davon haben. Achten Sie jedoch darauf, dass nicht diese vorgegebenen Fragen das Gespräch lenken, sondern dass Sie im Verlauf des Gesprächs darauf zurückgreifen, wenn es sinnvoll ist.

M9 Fragen für das Reframing

Wenn Sie merken, dass sich Beratungsgespräche „festfahren", wenn die Ratsuchenden in einer Problemtrance stecken und zu einer positiven Zielvision (noch) nicht fähig sind, helfen Sie mit Umdeutungen des Problems auf die Sprünge. Eine Möglichkeit ist, dass Sie selber alternative Deutungen aus Ihrer Sicht in das Gespräch einbringen (das eignet sich hervorragend als Kompliment in der Rückmeldung, beispielsweise welche Ressourcen oder Anstrengungen Sie bei den Ratsuchenden sehen konnten), oder Sie können den Ratsuchenden durch Fragen anregen, selber zu neuen Sichtweisen zu gelangen.

Fragen für das Reframing

Bedeutungsreframing

Diese Art des Reframings gibt dem Problem einen anderen Sinn. Folgende Fragen sind dazu in der Beratung sinnvoll:

- Was genau ist das Problem? Wer ist daran beteiligt? Wer tut etwas, wer tut etwas nicht? Wann tut er etwas? Wer ist noch von dem Problem betroffen?
- Wie ist Ihre normale Reaktion auf das beschriebene Verhalten und was passiert dann?
- Welche Gründe vermuten Sie für das Verhalten dieser Person?
- Aus Sicht der Person: Wofür wäre ein solches Verhalten sinnvoll? Welche anderen positiven Erklärungen könnten Sie sich noch vorstellen?
- Was würde diese positive Sichtweise auf das Problem in Ihrem Verhalten verändern? Was könnten Sie im Unterschied zu vorher nun sagen oder tun?

Inhaltsreframing

Hier fragt man nicht nach dem Problem, sondern nach dem guten Grund, der dem Verhalten zugrunde liegen könnte.

- Was genau ist das Problem? Wer ist daran beteiligt? Wer tut etwas, wer tut etwas nicht? Wann tut er etwas? Wer ist noch von dem Problem betroffen?
- Vermuten Sie: Warum verhält sich die Person so? Welche guten Gründe stecken dahinter?
- Was würde dieses positive Motiv auf das Problem in Ihrem Verhalten verändern? Was könnten Sie im Unterschied zu vorher nun sagen oder tun?

Kontextreframing

Hier wird untersucht, in welchem (zeitlichen, örtlichen, inhaltlichem) Rahmen das beklagte Verhalten sinnvoll ist.

- Was genau ist das Problem? Wer ist daran beteiligt? Wer tut etwas, wer tut etwas nicht? Wann tut er etwas? Wer ist noch von dem Problem betroffen?
- Unter welchen Umständen ist das Verhalten stärker oder schwächer ausgeprägt?
- Unter welchen Umständen wäre ein solches Verhalten sinnvoll oder auch die beste Lösung?
- Wie könnten Sie den Rahmen verändern, sodass das Verhalten seltener auftritt?
- Wann können Sie von dem Verhalten profitieren? Welche guten Seiten, neben den Schwierigkeiten, hat das Verhalten?

Methoden und Fragen bei Skalen

Wenn Sie Standpunkte und Veränderungen für den Grad eines Problems auf dem Weg zu einer Lösung visualisieren wollen, bieten sich Skalen an.
Meistens sind diese im Zahlenspektrum 0 bis 10 gekennzeichnet.
Sie können diese Skala darstellen:

- auf DIN-A4-Papier
- auf einer Flipchart
- auf Karten, die im Raum ausgelegt werden
- auf einer Zielscheibe
- ...

TIPP: Helfen Sie den Ratsuchenden bei dem Blick auf kleine Veränderungen. Wenn Ratsuchende in Ihren Augen *zu* gravierende Veränderungen beschreiben, fragen Sie behutsam nach, ob das tatsächlich der nächste Schritt auf der Skala ist oder bereits mehrere Stufen bedeuten würde. Kleine nächste Schritte bedeuten mehr Kontrolle und eine höhere Chance auf Zielerreichung.

Fragenkatalog bei Skalen

Standortbestimmung:

- Stell dir eine Skala von 0 bis 10 vor. Null ist der Zeitpunkt, an dem die Situation am schwierigsten war, und 10 das genaue Gegenteil, der Zustand, an dem das Problem ganz gelöst wurde. Wo zwischen 0 und 10 befindest du dich aktuell?
- Wo warst du auf der Skala, als wir den Termin hier vereinbart haben? Was ist heute anders?

Fortschrittsskala:

- Angenommen, du wärst jetzt nicht mehr auf der 3, sondern auf der 4 innerhalb dieser Skala. Woran würdest du den Unterschied bemerken? Woran würde dein Lehrer dies bemerken?

Zuversichtsskala:

- Wie zuversichtlich bist du auf einer Skala von 0 bis 10, dass die gewünschte Entwicklung eintreten wird?

Unterschiede erfragen:

- Wie erklärst du dir, dass xy die Dinge optimistischer einschätzt als du? Welche guten Dinge kann er/sie sehen, die du noch nicht wahrnehmen kannst?

M11 Fragenkatalog: zirkuläre Fragen

Zirkuläre Fragen machen den Beziehungsgehalt von Kommunikationen zwischen Personen deutlich, die an einem Problem beteiligt sind oder die zu seiner Lösung beitragen wollen. Sinnvoll ist es, nach einer Frage über die Ansicht anderer die Nachfrage zu stellen: *Was meinen Sie/meinst du selber dazu?* So entsteht die Gegenüberstellung unterschiedlicher Perspektiven, mit denen sich weiterarbeiten lässt.

Fragenkatalog: zirkuläre Fragen

Zur Problemdefinition/Verhältnisfragen:

- Für wen ist es ein größeres Problem?
- Wer macht sich um deine Noten zur Zeit am meisten Sorgen (oder ist am zuversichtlichsten)?
- An wen wendet sich Ihre Tochter am ehesten, wenn sie Kummer hat?
- Wer merkt es zuerst, wenn der Lehrer auf 180 ist?
- Wer sorgt in der Klasse am meisten dafür, dass sich ein Konflikt wieder beruhigt?
- ...

Übereinstimmungsfragen:

- Sieht dies Ihr Mann genauso oder wird er da widersprechen?
- Leon sagt, dass ihr am Wochenende viel zusammen seid. Siehst du das auch so?
- Schätzt Ihr Mann das so ein, dass Sie als Eltern in Bezug auf Schule sehr verschiedene Ansichten haben?
- Worin, denkt Ihre Frau, sind Sie sich in Bezug auf schulische Dinge einig?
- ...

Fragen nach Ansichten und Verhaltensweisen:

- Was würde Ihr Mann sagen, was der nächste Schritt wäre?
- Was würde deine Mutter sagen, wovon du weniger/mehr tun solltest?
- Welche deiner Stärken würde deine Mutter hier nennen?
- Was denkst du, was X tun muss, um den Lehrer zornig zu machen?
- Wenn x einmal klar ausdrücken würde, was er/sie denkt, was wäre es? Wie würde dann y darauf reagieren?
- ...

Zirkuläre Fragen mit Skalierungen verbinden:

- Was würde xy sagen, wo du auf der Skala im Moment stehst?
- (Falls xy günstiger einschätzt) Was sieht xy, was du im Moment noch nicht siehst?
- (Falls xy ungünstiger einschätzt) Was siehst du, was xy im Moment nicht sieht?
- (Falls xy gleich einschätzt) Wie kommt es, dass xy dich so gut kennt?
- Welchen Wert auf der Skala würde dein Lehrer für ausreichend erachten?
- Falls jetzt xy hier wäre, was würde er/sie sagen, was Sie auf der Skala einen Schritt höher bringen würde?
- ...

Fragen in die Zukunft:

- Angenommen, es wären fünf Jahre vergangen: Welche Interessen wird Ihr Sohn beruflich weiter verfolgen?
- Angenommen, das Problem bliebe bestehen: Was würde Ihre Tochter dann im nächsten Schuljahr tun?
- ...

Kommentare, Komplimente und Hausaufgaben

Rückmeldungen in Form von Komplimenten und Kommentaren heben wichtige Überlegungen des Beraters hervor, ordnen und strukturieren das zurückliegende Gespräch und geben Anregungen und Hinweise auf weitere Handlungsmöglichkeiten des Ratsuchenden.

Folgende Punkte sind dabei hilfreich:

- Loben Sie die Person und das Handeln des Ratsuchenden.
- Heben Sie Fähigkeiten und Ressourcen hervor.
- Deuten Sie Sachverhalte positiv um (Reframing).
- Erklären Sie einen Sachverhalt aus wissenschaftlicher oder rechtlicher Sicht.
- Entlasten Sie von Schuld und Verantwortung, beruhigen Sie.
- Normalisieren Sie die Probleme *(Sie sind mit dem Problem nicht allein.).*
- Bieten Sie Ratschläge nicht direkt, sondern als Handlungsoption an. Je mehr der Ratsuchende das Gefühl hat, seine eigene Freiheit behalten zu können, die Empfehlung annehmen oder verwerfen zu können, umso größer ist seine Bereitschaft, etwas Neues auszuprobieren.
- Geben Sie Beobachtungsaufgaben, z. B. *Beobachten Sie bitte in den nächsten zwei Wochen, wann es Ausnahmen vom Problem gibt und was dann alles anders ist in Ihrer Familie.*
- Geben Sie Nächste-Schritte-Aufgaben, z. B. *Wenn du einen nächsten kleinen Schritt in die richtige Richtung tun wolltest/eine Stufe auf der Skala voranschreiten wirst, was wäre dies für ein Schritt und woran würde dein Klassenlehrer das bemerken?*

Mögliche Satzanfänge für Komplimente, Rückmeldungen, Kommentare und Ratschläge sind:

- *Ich konnte beobachten …*
- *Ich bin beeindruckt …*
- *Ich bewundere Sie/dich für …*
- *Möchten Sie/Möchtest du hören, wie … darüber denkt …?*
- *Viele der Ratsuchenden …*
- *Am wichtigsten scheint mir in diesem Zusammenhang …*
- *Wenn wir an dieser Stelle mal zusammenfassen …*
- *Ich an Ihrer/deiner Stelle könnte mir vorstellen …*
- *Wenn es darum ginge, xy zu erreichen, dann wäre vielleicht günstig oder notwendig, z zu verwirklichen.* (zum Beispiel: *Wenn es darum geht, mehr Ordnung in deinen Materialien zu erreichen, ist es günstig, wenn du täglich mit dieser Checkliste deine Tasche und deinen Arbeitsplatz prüfst.)*
- *Angenommen, es wäre Ihnen möglich, xy zu tun, was würde dies bewirken? Was hätte das zur Folge?*
- *Wie können Sie es schaffen, dass xy geschieht?* (Hierbei wird implikativ unterstellt, dass xy geschehen muss.)
- Handlungsalternativen aufzeigen: *So wie sich die Situation darstellt, sehe ich zwei Möglichkeiten …*
- Geschichten, Anekdoten erzählen, z. B. über die „My-Uncle-Tom-Technik“: *Mein Onkel hatte in solchen Situationen immer einen Wahlspruch: …*

M13 Hilfen für Krisengespräche

Krisengespräche können sich plötzlich ergeben. Manchmal liegt eine Dringlichkeit vor, die nicht unbedingt die Suche nach dem geeigneten Lehrer möglich macht. Es ist gerade in Krisen wichtig, dass Schüler auf Lehrkräfte als Gesprächspartner treffen, die sie kennen und zu denen eine gute Beziehung besteht.
Daher sind Krisengespräche nicht vorrangig ein Thema für den Beratungslehrer oder den Krisenbeauftragten, sondern können in akuten Situationen auch denjenigen „treffen", der gerade der betroffenen Person am nächsten steht.
Sind Krisen „schleichend", d. h., werden sie als wichtig, aber nicht akut dringlich eingestuft, bietet es sich an, dass die Vertrauenslehrkraft den Weg zum Beratungslehrer oder Krisenbeauftragten anbahnt.
Das wichtigste Merkmal von Beratungsgesprächen in Krisen ist das Thema „Kontakt/Beziehung". Gerade sehr sensible Themen brauchen einen aktiven Zuhörer, der aufrichtiges Interesse an den Themen des Gegenübers hat und auch bereit ist, mit ihm sehr schwierige Dinge anzusprechen, ohne dabei im wahrsten Sinne zum Mit-Leidenden zu werden (nach Hubrig, Ch. & Herrmann, P. 2014).
Es geht einerseits darum, dem Schüler ein Angebot zu machen, in dem er seine Sicht der Situation äußern kann, andererseits ihm aber auch aufzuzeigen, welche Möglichkeiten und Grenzen der schulische Rahmen für ihn bietet.
Die Schule macht wiederum auch deutlich, welche Verhaltensweisen sie ahnden muss und wird, auch wenn sie durch die Krise verursacht sind (z. B. Gewalthandlungen, längerfristiges, unentschuldigtes Fehlen).

Unabhängig von der Art der Krise sind einige **Voraussetzungen** zu beachten:

- Schaffen Sie günstige Gesprächsvoraussetzungen sowohl mit angemessener Zeit als auch in ruhiger und entspannender und entspannter Atmosphäre.
- Hören Sie aktiv zu, stellen Sie Verständnisfragen, spiegeln Sie das Verstandene zurück.
- Sprechen Sie sowohl das Thema (z. B. Suizidabsicht, Mobbing) direkt an, führen Sie keinen Tanz darum herum.
- Klären Sie die Einbindung und Einbeziehung des sozialen Umfeldes.
- Überprüfen Sie, inwieweit professionelle Hilfe notwendig ist und angenommen wird.
- Bieten Sie mindestens einen weiteren Folgetermin an. Dieses gibt, wenn Sie das Vertrauen des Schülers haben, Halt und Sicherheit. Dem Schüler, der Schülerin sollte versichert werden, dass er oder sie sich bei weiteren Schwierigkeiten jederzeit an Kontaktpersonen wenden könne (evtl. Verweis auf Liste mit Kontaktadressen).
- Bewährt hat sich ein kurzes Feedback-Gespräch im Abstand von einer Woche, in dem der Schüler, die Schülerin rückmelden kann, wie sich die Situation für ihn/für sie entwickelt hat.
- Schließlich: Überprüfen Sie im Vorfeld immer, ob Sie in der Lage sind, diese schwierigen Themen anzusprechen. Wenn Sie durch eigene Belastungen emotional zu sehr betroffen sind, sollten nicht Sie das Gespräch führen, aber es sollte klar sein, wer dies stattdessen tun kann.

Leitfragen für ein Krisengespräch

Klasse: ______________ Datum: ________________

Es geht um den Schüler/die Schülerin: ______________________________

Thema: ______________________________

Beschreibe das aktuelle Problem. Wie bewertest du es?

____

Was fühlst und denkst du zu dieser schwierigen Situation?

____

Fällt dir eine Erklärung ein, wie es dazu kommen konnte?

____

Was sagen deine Eltern dazu?

____

Was möchtest du jetzt gerne machen?

____

Hast du dir schon Gedanken gemacht, wie es am besten weitergeht?

____

Wer könnte dir jetzt gut helfen?

____

Was sollte derjenige tun?

____

Was könntest du selber tun, um die Situation zu verbessern?

____

...

____

Mobbing

Wird ein Kind gemobbt, erfahren Lehrkräfte das häufig nicht direkt vom Opfer, sondern über besorgte Mitschüler oder Kollegen. Wenn eine Person, die der betroffene Schüler nicht kennt, mit ihm Kontakt aufnimmt, kann das schwierig sein. Denn entscheidend für das Gelingen einer Mobbingmaßnahme sind der **Opferschutz** von Anfang an und eine **vertrauensvolle** Weiterarbeit.

Da Mobbing meistens im anonymen Rahmen stattfindet, ist das Ziel einer Antimobbingintervention, diese Anonymität aufzubrechen.

In diesem Absatz soll es nicht um Teilarbeit gehen, sondern darum, **wie der erste Kontakt zu dem Opfer hergestellt und ein erstes Gespräch geführt werden kann.**

Die Kontaktaufnahme zu dem betroffenen Schüler sollte von einem Kollegen hergestellt werden, der den Schüler kennt und einen guten Draht zu ihm hat. **Wenn Sie dieser Lehrer sind, sprechen Sie das Kind sehr diskret an, auf jeden Fall, ohne dass Sie belauscht werden können.** Signalisieren Sie dem Schüler, dass Sie sich ernsthafte Sorgen machen und Hilfe anbieten möchten. In der Regel nehmen die Betroffenen diese Unterstützung an.
Der Erstkontakt mit dem Beratungs- oder Anti-Mobbing-erfahrenen Lehrer erfolgt auch im anonymen Rahmen, z. B. in einer großen Pause. Bitten Sie den Schüler, am besten unter einem Vorwand wie Praktikum, vergessenes Kleidungsstück etc. am Lehrerzimmer zu erscheinen und nach dem entsprechenden Lehrer zu fragen.
Sie und der Schüler begeben sich dann gemeinsam in den Beratungsraum.
Das Erstgespräch bildet die Entscheidungsgrundlage für alle darauffolgenden Schritte. Planen Sie ca. 30 Minuten dafür ein.
Sie benötigen möglichst genaue Informationen. Sie können, damit es dem Schüler leichter fällt, eine Schweigeverpflichtung eingehen.
Solange die Thematik nicht beispielsweise eine konkrete Selbst- oder Fremdgefährdung aufzeigt oder gegen andere beamtenrechtliche Regelungen verstößt, ist das in der Regel unproblematisch.
Entscheidend im Gespräch ist vom Anfang an der Blick auf eine Problemlösung. Natürlich soll der Schüler die Geschehnisse in der notwendigen Ausführlichkeit beschreiben, aber immer dann, wenn der Schüler sich ins Allgemeine verliert oder wiederholt, sollten Sie als Lehrkraft den Blick nach vorne lenken.
Um den Leidensdruck des Opfers einschätzen zu können, ist eine Skalierung anhand einer Gefühls- und Stimmungsskala hilfreich. Hierbei bilden ein lächelndes und ein trauriges Gesicht die beiden Pole der Skala ab. Die Schüler werden gebeten, sich entsprechend einzusortieren. Dabei können sie, z. B. durch unterschiedliche Farben, zwischen der Klasse, der Schule und dem Elternhaus unterscheiden. Hier lässt sich die Unterstützung durch das soziale Umfeld abschätzen. Die Tabelle gibt einen Überblick über das erste Vorgehen.

Schritte	Fragen
Ankommen	Türöffner (hierbei handelt es sich um Fragen oder allgemeinen Smalltalk beim Einstieg, die dem Schüler das Ankommen erleichtern sollen: *Ist das heute wieder eine Hitze! Hast du gestern auch das Spiel gesehen?*)
Klärung	*Darf ich mir Notizen machen?* (Eine Dokumentation ist eine wesentliche Grundlage der Anti-Mobbing-Arbeit. Die Zustimmung des Opfers ist dabei sehr wichtig, sonst sieht es zu sehr nach einem Verhör aus. Begründet werden könnte die Dokumentation mit: *Ich möchte dein Problem verstehen und mir in Ruhe noch einmal Gedanken dazu machen können.*) *Wir haben x Minuten Zeit.* *Was wir besprechen, unterliegt der Schweigepflicht.* *Kannst du mir deinen Namen nennen? Wer ist dein Klassenlehrer? In welche Klasse gehst du?*

Mobbing-Diagnose Es gibt vier klare Kennzeichen für Mobbing: 1. Kräfteungleichgewicht: Ein Opfer steht einem oder mehreren Tätern alleine gegenüber. 2. Häufigkeit: mindestens einmal pro Woche 3. Dauer: seit Wochen oder Monaten 4. Konfliktlösung aus eigener Kraft nicht möglich	*Du hast gesagt, dass du ein Problem hast. Worum handelt es sich denn dabei?* *Kannst du mir Beispiele nennen, was deine Mitschüler mit dir machen?* *Wie häufig ärgern/schlagen etc. dich deine Mitschüler in der Woche?* *Wie lange geht das schon (z. B. Wochen, Monate)?* *Wie viele Personen ärgern/schlagen etc. dich?* *Hast du dich schon einmal gewehrt? Was ist dann geschehen?* *Wie würdest du dich im Moment auf dieser Skala gefühlsmäßig einordnen?*
Soziales Umfeld abfragen	*Hast du Freunde/Freundinnen in der Klasse?* *Hast du Freunde/Freundinnen bei dir zu Hause?* *Ärgern die dich manchmal?* *Weiß außer mir noch jemand von deinen Problemen?* *Was sagen deine Eltern/Erziehungsberechtigten zu der ganzen Sache?*
Umorientierung	*Was erwartest du von mir?*

Diese Tabelle ist in Anlehnung an M. Jannan, Das Anti-Mobbing-Buch, Beltz 2009, entwickelt. Siehe auch den „Erste-Hilfe-Koffer" von Jansen/Lachner/Schwarz: „Mobbing beenden", Cornelsen 2013, in dem unterschiedliche Lösungswege beschrieben sind.

Eine Lehrkraft, die sich mit Anti-Mobbing-Arbeit beschäftigt, ist in ihrer zugewandten, zuhörenden Arbeitshaltung auch eine beratende Lehrkraft, wie wir sie in diesem Buch beschreiben. Sie ist allerdings gleichzeitig auch aktiver und entschlossener Partner in der Problemlösung für das Opfer.

Suizidgefahr

Alarmzeichen für Suizidalität: Einem Suizid oder Suizidversuch gehen häufig Signale voraus, die oft auch als Hilferufe verstanden werden können. Diese Signale sind Hinweise und sollten ernst genommen werden. Sie können Anlass für ein Gespräch mit dem Jugendlichen geben. Wichtig auch hier: Nicht jede einzelne Verhaltensweise oder Beobachtung ist für sich unbedingt alarmierend. Sie sollten aber, insbesondere durch die Vernetzung mit Kollegen, die Häufigkeit, Situationsabhängigkeit und Qualität miteinander abgleichen. Gerade die unauffälligen Schüler sind dabei zu fokussieren!

Mögliche Signale sind:

- direkte oder indirekte Suizidankündigung,
- Veränderung des beobachtbaren Verhaltens im Klassenraum,
- (plötzlicher) Leistungsabfall bzw. Leistungsversagen in der Schule,
- Unaufmerksamkeit im Unterricht,
- Schulverweigerung, Schule schwänzen,
- Schwierigkeiten mit Mitschülern oder Lehrkräften,
- starke Stimmungsschwankungen,
- Gereiztheit, Aggressivität,
- Alkohol-, Drogen-, Medikamentenmissbrauch,
- innerer Rückzug,
- Beschäftigung mit dem Tod (Zeichnungen, Aufsätze, verbale Äußerungen),
- Veränderungen im Sozialverhalten (Abbruch von Freundschaften, Rückzug, aggressives Verhalten),
- äußerliche Veränderungen (Unordentlichkeit, Vernachlässigung der Körperpflege),
- Änderung im Essverhalten,
- Lustlosigkeit, Teilnahmslosigkeit,
- Verschenken persönlicher Gegenstände oder lieb gewordener Sachen,
- frühere suizidale Handlungen,
- Schulabbruch,
- Zuwendung zu subkulturellen Gruppen (Okkultismus).

(Diese Liste basiert auf folgender Literatur:
BRÜNDEL, H. (1996): Suizidpräventionsprogramme in der Schule. Informationen für Schulpsychologinnen und Schulpsychologen. Heft 39, Soest
ENGELBRECHT/STORATH u.a. (2008): Führung und Verantwortung bei schulischen Krisen. Ein Leitfaden für Schulleitung, Schulaufsicht und Schulberatung. Nürnberg
SEDLAK, F. (2001): Ich will nicht mehr. Wege aus seelischen Krisen. Bundesministerium für Bildung, Wissenschaft, Kultur. Wien)

Lehrer-Schüler-Gespräch bei Suizidverdacht:

- Trauen Sie Ihrer Vermutung, dass der Schüler oder die Schülerin selbstmordgefährdet ist.
- Teilen Sie dem Schüler, der Schülerin Ihre Besorgnis mit. Seien Sie ein aktiver Zuhörer und zeigen Sie Verständnis.
- Seien Sie direkt. Fragen Sie nach Selbstmordabsichten und Selbstmordplänen. Sprechen Sie offen und freimütig. Versuchen Sie herauszubekommen, wie, wo und wann der Selbstmord verwirklicht werden soll.
- Vermitteln Sie professionelle Hilfe. Ermutigen Sie den Schüler, die Schülerin, diese Hilfe anzunehmen. Wenn er oder sie sich weigert und Sie auf Seiten des Schülers keine Distanzierung von den suizidalen Gedanken oder Äußerungen sehen, müssen Sie unbedingt die notwendige Hilfe veranlassen.
- Schaffen Sie günstige Gesprächsvoraussetzungen: Bieten Sie ein Gespräch an, versichern Sie sich der Gesprächsbereitschaft des Schülers oder der Schülerin, verabreden Sie konkret Zeit und Ort.
- Sichern Sie günstige Gesprächsbedingungen: Verhindern Sie Störungen, schaffen Sie eine angenehme Atmosphäre, benutzen Sie „Türöffner" (positive, annehmende Formulierungen).
- Hören Sie aktiv zu: Geben Sie die Gedanken so wieder, wie Sie sie verstanden haben; sprechen Sie Ihre Gefühle an, stellen Sie offene Fragen.

Dies sollten Sie vermeiden:

- Lassen Sie sich keine Geheimhaltung aufdrängen. Dabei verlieren Sie eventuell das Vertrauen des Schülers, aber Sie retten Leben.
- Lassen Sie den Schüler, die Schülerin nicht allein, wenn Sie glauben, dass die Selbsttötung unmittelbar bevorsteht.
- Zeigen Sie sich nicht schockiert über den Bericht des Schülers, der Schülerin.
- Diskutieren Sie nicht, ob Selbstmord richtig oder falsch sei. Vermeiden Sie jede moralische Wertung.

Konkrete Vorschläge für Fragen an den Schüler, die Schülerin: Die Fragen sind lediglich als Anregungen zu verstehen, sie sollen helfen, Vermutungen möglichst direkt auszusprechen, um dann im Sinne des „aktiven Zuhörens" auf die Antworten einzugehen.

- *Hast du in letzter Zeit daran gedacht, dir das Leben zu nehmen? Häufig?*
- *Hast du unvorbereitet daran denken müssen?*
- *Hast du konkrete Ideen, wie du es machen würdest?*
- *Hast du bereits Vorbereitungen getroffen?*
- *Hast du schon mit jemandem über deine Selbstmordabsichten gesprochen?*
- *Hast du schon einmal einen Selbstmordversuch unternommen?*
- *Hat sich in deiner Familie oder deinem Bekanntenkreis jemand das Leben genommen?*
- *Hältst du deine Situation für aussichts- und hoffnungslos?*
- *Fällt es dir schwer, an etwas anderes als an deine Probleme zu denken?*
- *Hast du in letzter Zeit weniger Kontakte zu Verwandten, Freunden, Bekannten?*
- *Sind deine Leistungen in der Schule abgefallen?*
- *Hast du Hobbys?*
- *Hast du jemanden, mit dem du offen und vertraulich Probleme besprechen kannst?*
- *Verstehst du dich gut mit deinen Eltern?*

(nach: BRÜNDEL, H. (1996): Suizidpräventionsprogramme in der Schule. Soest, Landesinstitut für Schule und Weiterbildung)

Wenn Sie nach dem Gespräch mit dem Schüler nicht sicher sind, dass keine Gefahr für sein Leben besteht:

- Ziehen Sie bei Unsicherheit Experten hinzu!
- Organisieren Sie zuverlässige Betreuung, vor allem bei akuter Gefährdung!
- Bieten Sie Hilfen an und bringen Sie die auf den Weg: Eltern, Beratungsstelle, Klinik!
- Die Schweigepflicht in akuten Situationen ist nachrangig, die Pflicht, Leben zu retten, ist höherwertig. Informieren Sie die Sorgeberechtigten!

Verdacht auf sexuellen Missbrauch

Die Situationen, die zur Vermutung eines sexuellen Missbrauchs führen, können sehr unterschiedlich sein. Vielleicht macht das Mädchen oder der Junge Andeutungen oder Sie beobachten ein sexuell übergriffiges Verhalten durch einen Erwachsenen oder durch andere Jugendliche und Kinder. Vielleicht entdecken Sie auch kinderpornografisches Material auf dem Handy oder Rechner eines Kollegen bzw. einer Kollegin. Die folgenden Empfehlungen für Fachkräfte geben Ihnen eine grobe Richtung vor:

- Bewahren Sie Ruhe.
- Sprechen Sie mit einer Vertrauensperson, um Beobachtungen auszutauschen, aber vermeiden Sie Gerede.

- Notieren Sie sich, was Ihnen aufgefallen ist und was das Mädchen bzw. der Junge gesagt hat. Halten Sie auch fest, in welchem Zusammenhang die Äußerung gefallen ist, ob sie spontan war oder durch bestimmte Themen oder Ereignisse ausgelöst wurde.
- Halten Sie Kontakt zu dem Mädchen bzw. Jungen, aber versprechen Sie nicht, dass Sie alles für sich behalten werden.
- Stellen Sie in keinem Fall die verdächtige Person zur Rede. Dadurch kann das Kind zusätzlich gefährdet werden.
- Informieren Sie Ihre Leitung. Sie entscheidet über die nächsten konkreten Schritte, beispielsweise ob das Jugendamt oder Strafverfolgungsbehörden informiert werden müssen oder wie das Mädchen bzw. der Junge innerhalb der Einrichtung geschützt werden kann.

Folgende Schritte sollten beachtet werden:

1. Hinsehen bzw. hinhören

- Bewahren Sie Ruhe und hören Sie aufmerksam zu.
- Verbreiten Sie keine Informationen weiter (ausgenommen ist hier die Meldung an die Leitungsebene bzw. eine Vertrauensperson).

2. Sachverhalt melden

- Sprechen Sie mit der Einrichtungsleitung (wenn die Leitungsebene betroffen sein sollte, wenden Sie sich an die Aufsichtsbehörde).
- Sprechen Sie mit einer Vertrauensperson der Einrichtung (beispielsweise mit Präventionsbeauftragter bzw. -beauftragtem, Schulpsychologin bzw. -psychologen, wenn diese nicht im Fokus des Verdachts stehen).

3. Nächste Schritte der Leitung bzw. der Aufsichtsbehörde

- Die verantwortliche Leitungsperson entscheidet darüber, ob tatsächliche Anhaltspunkte für eine Straftat gegen die sexuelle Selbstbestimmung vorliegen. Falls ja, muss die Leitung das Jugendamt informieren und/oder die Strafverfolgungsbehörden (Polizei, Staatsanwaltschaft). Dies ist auch notwendig, wenn die Eltern bzw. Sorgeberechtigten im Verdacht stehen. Ausnahmsweise kann es (vorübergehend) geboten sein, davon abzusehen (siehe unten).
- Vor Einschaltung der Behörden sollte das Mädchen bzw. der Junge unter Anwesenheit der Erziehungsberechtigten (soweit diese nicht zum verdächtigen Personenkreis gehören) angehört werden. In dem Gespräch sollte abgeklärt werden, wie das Mädchen bzw. der Junge zu der strafrechtlichen Verfolgung der verdächtigen Person steht und ob es bzw. er in der Lage ist, mit den Belastungen eines Strafverfahrens umzugehen. Zu dem Gespräch sollte eine unabhängige, qualifizierte Fachkraft hinzugezogen werden, beispielsweise eine Fachkraft einer Beratungsstelle oder eine Schulpsychologin bzw. ein -psychologe. Der Inhalt des Gesprächs sollte unbedingt schriftlich festgehalten werden.
- Die Leitung muss entscheiden, wie das Mädchen bzw. der Junge innerhalb der Einrichtung geschützt werden kann. Gegebenenfalls ist eine Freistellung oder (Verdachts-)Kündigung der verdächtigen Person in Erwägung zu ziehen; dies sollte jedoch erst nach der Verständigung mit den Strafverfolgungsbehörden geschehen, um deren Ermittlungen nicht zu gefährden.

Gibt es eine Anzeigepflicht bei sexuellem Missbrauch?

Eine allgemeine Anzeigepflicht begangener Straftaten besteht in Deutschland nicht, weder für Privatpersonen noch für Institutionen – mit Ausnahme der Strafverfolgungsbehörden. Jede und jeder ist aber verpflichtet, bei Unglücksfällen die mögliche, zumutbare und erforderliche Hilfe zu leisten. Sonst liegt unterlassene Hilfeleistung (§ 323c Strafgesetzbuch) vor.

Auch drohende oder gegenwärtige Straftaten gegen die sexuelle Selbstbestimmung können „Unglücksfälle" sein, wenn sie mit einer erheblichen Gefahr für das betroffene Mädchen bzw. den betroffenen Jungen verbunden sind. Diese Pflicht umfasst aber keine Verpflichtung zur Strafanzeige gegen den Täter bzw. die Täterin. Bei Personen, die als „Garanten" zum Schutz von Kindern bzw. Jugendlichen berufen sind, z.B. Eltern, Lehrerinnen und Lehrern, Trainerinnen und Trainern, geht die Verpflichtung noch weiter: Sie müssen sexuelle Übergriffe von den ihnen anvertrauten Kindern bzw. Jugendlichen abwenden. Wer nicht einschreitet,kann dadurch eine Straftat durch Unterlassen (etwa Beihilfe zu sexuellem Missbrauch gegen Kinder und Jugendliche durch Unterlassen) begehen. Aber auch diese Schutzpflicht bedeutet keine Verpflichtung zur Strafanzeige, wenn andere zumutbare Maßnahmen zur Verhinderung weiterer sexueller Übergriffe vorgenommen werden.

Empfehlungen des Runden Tisches „Sexueller Kindesmissbrauch"

Der Runde Tisch „Sexueller Kindesmissbrauch" hat eine allgemeine strafbewehrte Anzeigepflicht für Straftaten des sexuellen Missbrauchs diskutiert. Strafbewehrt hätte in diesem Zusammenhang bedeutet, dass alle, die von möglichen Fällen sexuellen Missbrauchs erfahren, zur Erstattung einer Anzeige verpflichtet sind, um sich nicht selbst strafbar zu machen. Der Runde Tisch hat sich aber gegen eine solche Anzeigepflicht ausgesprochen. Er folgte damit der Argumentation von Fachleuten, die diese ablehnten, weil es den betroffenen Mädchen und Jungen weiterhin möglich sein muss, sich jemandem anzuvertrauen, ohne dass zwangsläufig Anzeige erstattet und ein Strafverfahren eingeleitet wird.

Der Runde Tisch erarbeitete stattdessen „Leitlinien zur Einschaltung der Strafverfolgungsbehörden". Institutionen und Vereinigungen können sich selbst verpflichten, diese Leitlinien umzusetzen. Danach sollen Informationen über Fälle möglichen sexuellen Missbrauchs in der Institution schnellstmöglich an die Strafverfolgungsbehörden weitergeleitet werden, abgesehen von eng begrenzten Ausnahmefällen. Ziel der Leitlinien ist es zu verhindern, dass Fälle von sexuellem Missbrauch an Kindern oder Jugendlichen von der Institution vertuscht oder aus Nachlässigkeit nicht weiterverfolgt werden. Folgende Situationen rechtfertigen es ausnahmsweise (vorübergehend), die Strafverfolgungsbehörden nicht über die Geschehnisse zu informieren:

- Gefährdung der körperlichen oder psychischen Gesundheit des betroffenen Mädchens bzw. Jungen (insbesondere Suizidgefahr oder Gefahr einer Retraumatisierung). Um eine solche Gefährdung festzustellen, ist zwingend eine unabhängige, qualifizierte Fachkraft einzubeziehen. Sobald die Gefährdung nicht mehr besteht, sollten die Strafverfolgungsbehörden eingeschaltet werden.
- Widerspruch des betroffenen Mädchens oder des Jungen, sofern die Tat von geringer Schwere ist (beispielsweise eine kurze Berührung der bekleideten Brust oder andere übergriffige Berührungen, beispielsweise im Gesicht, am Rücken oder am Bauch eines Mädchens oder Jungen) und es der Einrichtung möglich ist, durch organisatorische Maßnahmen ausreichend für die Sicherheit des betroffenen Mädchens bzw. Jungen und anderer Kinder bzw. Jugendlichen zu sorgen.
- bei übergriffigen Jugendlichen, wenn es sich lediglich um eine geringfügige Übertretung handelt (beispielsweise ein einvernehmlicher Zungenkuss eines Jugendlichen über 14 Jahren mit einer Dreizehnjährigen) und Wiederholungen sowie Gefährdungen anderer Kinder und Jugendlicher mit hoher Wahrscheinlichkeit ausgeschlossen werden können.

In einer Handreichung des Bundesministeriums der Justiz werden die „Leitlinien zur Einschaltung der Strafverfolgungsbehörden" detailliert und anhand von Fallbeispielen erläutert.

Wo finden Sie Hilfe und Unterstützung?
Es ist ratsam, Kontakt zu einer Beratungsstelle aufzunehmen, die sich auf sexuellen Missbrauch spezialisiert hat. Man sollte nicht alleine mit einer Vermutung oder einem aktuellen Verdachtsfall umgehen. Beratungsstellen können helfen, das weitere Vorgehen zu planen, insbesondere um den Verdacht zu konkretisieren und weitere Schritte einzuleiten, die das Kind schützen können. Die meisten Beratungsstellen arbeiten vertraulich und auf Wunsch auch anonym. Viele der Erziehungs- und Familienberatungsstellen freier und öffentlicher Träger bieten ebenfalls Beratung bei sexuellem Missbrauch an. Man kann sich auch an das Jugendamt oder den Allgemeinen Sozialdienst wenden und dort nach Adressen spezieller Beratungsstellen fragen. Auch in den Jugendämtern selbst gibt es Ansprechpartnerinnen bzw. Ansprechpartner.
Wenn ein Verdacht auf sexuellen Missbrauch besteht, ist ein sehr sorgfältiges Vorgehen angebracht, dies betrifft sowohl die psychologische und soziale als auch die rechtliche Seite.
Hinweis: Unter www.kein-raum-fuer-missbrauch.de finden Sie unter „Informationen/Was können Mütter und Väter tun" Informationen, wie Eltern sich im Verdachtsfall verhalten und an wen sie sich wenden sollten.
Nutzen Sie auch die Informationsangebote zu Prävention und Intervention in den Beratungsstellen und Einrichtungen in Ihrer Nähe!

(Aus: Kampagne „Kein Raum für Missbrauch" – Informationen für Fachkräfte. Hrsg. vom Arbeitsstab des Unabhängigen Beauftragten für Fragen des sexuellen Missbrauchs, Berlin 2015, S. 1-5, hier gekürzt)

Umgang mit Tod und Trauer

Ob eine Lehrkraft oder ein Schüler aus den Reihen der Klassen- und Schulgemeinschaft verstirbt: Kinder, unabhängig von ihrem Alter, brauchen Raum, Zeit und Ansprechpartner, um als Betroffene ihrer Trauer Ausdruck verleihen zu können. Dabei gibt es kein Patentrezept, welche Methode sich für alle Schüler am besten eignet. Die Idee, darüber reden zu müssen, ist möglicherweise für einige adäquat, andere Schüler wiederum benötigen zunächst die Normalität des Alltags oder sachliche Informationen, z. B. über die Frage, wie sich Trauer unterschiedlich ausdrücken kann. Einige finden in Bewegungs- oder kreativen Angeboten eine Hilfe. Auch Humor und Lachen kann zum Teil dazu gehören. Dies stößt anderen Trauernden häufig auf, sollte aber akzeptiert werden, solange es nicht verletzend oder beschämend ist. Andere benötigen stark den Gruppenzusammenhalt oder religiöse Unterstützung.
Die Schule ist also gut beraten, mit ihrem Krisenteam eine Liste von möglichen Angeboten, Materialien und ggf. darauf spezialisierten Kolleginnen und Kollegen zusammenzustellen.

Erste Hilfe für die Psyche trauernder Kinder: „WINNETOU"

W	**Wenden Sie sich trauernden Kindern zu.** Schenken Sie trauernden Kindern besondere Aufmerksamkeit, zeigen Sie Ihre Liebe und Zuneigung. Vermitteln Sie Sicherheit, indem Sie z. B. Absprachen zuverlässig einhalten und für einen klar strukturierten Tagesablauf sorgen.
I	**Informieren Sie trauernde Kinder.** Informieren Sie trauernde Kinder über die Vorbereitungen für das Begräbnisritual, die geplante Trauerfeier und das bevorstehende Abschiednehmen. Auch die Tatsache, dass jemand gestorben ist, sowie die Todesursache sollten in einfachen Worten mitgeteilt werden.
N	**Nicht einengen, zensieren, bevormunden.** Lassen Sie trauernde Kinder eigene Entscheidungen treffen, z. B. bezüglich der Art des eigenen Abschiednehmens, des eventuellen Ansehens des Verstorbenen, der Auswahl eines Abschiedsgrußes als Sargbeigabe etc.
N	**Nichts verheimlichen, nicht ausschließen, sondern einbeziehen.** Lassen Sie trauernde Kinder an allem Anteil nehmen – auch an Ihrer eigenen Trauer. Erklären Sie trauernden Kindern, warum Sie traurig sind und sich möglicherweise ungewohnt verhalten.
E	**Ermutigen Sie trauernde Kinder, Fragen zu stellen und eigene Gefühle zu zeigen.** Erlauben Sie trauernden Kindern, so zu trauern, wie sie es tun. Akzeptieren Sie, wie ein Kind trauert, auch wenn Sie eine andere Vorstellung von „ordnungsgemäßer" Trauer haben! Zeigen Sie Geduld, Toleranz und Verständnis – auch für Zorn, Unruhe und andere vorübergehende Verhaltensänderungen.
T	**Thematisieren Sie (gemeinsame) Erinnerungen an den Verstorbenen.** Teilen Sie die Trauer. Sehen Sie sich z. B. gemeinsam Fotos oder Videos an. Weinen Sie gemeinsam.
O	**Offene und ehrliche Gespräche sind hilfreich, wenn Kinder sie wünschen.** Das bedeutet: Texten Sie trauernde Kinder nicht zu, sondern beantworten Sie ihre Fragen ehrlich und mit einfachen Worten.
U	**Unternehmen Sie etwas, wenn ein Kind Schuldgefühle entwickelt und länger anhaltende Verhaltensänderungen zeigt.** Sagen Sie ihm gegebenenfalls explizit, dass es unschuldig ist und keine Verantwortung für den Tod trägt. Daumenlutschen und Bettnässen oder plötzliche Schulschwierigkeiten sind Anzeichen dafür, dass professionelle Hilfe notwendig ist.

(aus: Karutz, H. (2013): Merkblatt „WINNETOU". Psychische Erste Hilfe bei trauernden Kindern. 2. Auflage. Essen: Notfallpädagogisches Institut)

M14 Tipps für Kritikgespräche

Die folgende Checkliste gibt Ihnen einige Tipps, wie Kritikgespräche erfolgreich durchgeführt werden können:

- Finden Sie Ihr eigenes Ziel des Gespräches heraus, z. B. *Ich möchte erreichen, dass Robert meine Sichtweise kennenlernt und akzeptiert.*
  Es ist ein großer Unterschied, ob Sie nur Ihren Ärger ausdrücken wollen oder eine Verhaltensänderung beim Gegenüber erwarten.
- Fragen Sie sich, welche Gefühle bei Ihnen mit der zu kritisierenden Verhaltensweise verbunden sind, z. B. *Ich bin enttäuscht, weil ich von Robert mehr erwartet hatte.*
- Erkunden Sie Ihre Wünsche dem Gesprächspartner gegenüber, z. B. *Ich möchte Robert helfen, sein Potential zu entfalten. Ich halte dies für meine Aufgabe als gute Lehrerin.*
- Schlafen Sie mindestens einen Tag darüber und betrachten Sie die ganze Situation nochmal mit mehr Abstand.
- Laden Sie rechtzeitig zum Termin ein oder warten Sie eine günstige, möglichst entspannte Situation ab.
- Planen Sie genügend Zeit für das Gespräch ein.
- Achten Sie während des Gespräches darauf, nicht um den „heißen Brei herumzureden". Kommen Sie nach einem einleitenden freundlichen Satz direkt zur Sache.
- Formulieren Sie Ich-Botschaften, statt *Du bist immer so vorlaut!: Ich ärgere mich, wenn du dazwischen redest.*
- Unterstellen Sie positive Motive, z. B. *Ich vermute, dass du schwer abwarten kannst, weil du zu diesem Thema ein großes Wissen mitbringst ...*
- Bleiben Sie höflich. Sie sind ein Vorbild und wollen es bleiben!
- Formulieren Sie Ihre Wünsche möglichst präzise, z. B. *Ich wünsche mir, dass du in Zukunft aufzeigst und auch den anderen eine Chance gibst, etwas zum Unterricht beizutragen.*
- Geben Sie den Vorschlägen des Gegenübers eine Chance. Hören Sie gut zu!
- Suchen Sie nach einer *gemeinsamen* Lösung. Bleiben Sie kompromissbereit!

M15 Sprachliche Tricks

„Und" statt „aber"

Wenn Sie auf eine Ausführung Ihres Gegenübers reagieren möchten, benutzen Sie das Wörtchen „und": *Und darf ich Ihnen meine Beobachtungen dazu schildern?* hört sich für unser Gegenüber anders an als: *Aber darf ich Ihnen meine Beobachtungen dazu schildern?* Sie gehen nicht in eine Auseinandersetzung darüber, welche Wahrnehmung besser ist, sondern lassen dem Gegenüber seine Wahrnehmung und stellen Ihre lediglich daneben.

Was noch?

Lassen Sie sich nicht mit halbherzigen Antworten abspeisen. Sie fragen z. B.: *Was wäre anders, wenn das Ziel erreicht wäre?* und der Gesprächspartner antwortet: „Dann wäre ich zufriedener." Bleiben Sie hartnäckig und fragen: *Was wäre noch anders? Und noch? Und noch?.* Unsere Erfahrung zeigt, dass auf die Frage hin innere Suchbewegungen bei dem Klienten entstehen, die immer weitere Ideen erzeugen.

… noch nicht …

Klagende benutzen gern das Wort „immer“: „Er kommt immer zu spät.“ Ihre übliche Reaktion ist vielleicht die einfühlsame Wiederholung: *Er kommt also immer zu spät* … Versuchen Sie doch mal eine andere Strategie: Benutzen Sie „noch nicht“: *Er hat es also noch nicht gelernt, seine Zeit richtig einzuteilen.* Nehmen Sie den Unterschied wahr? Im ersten Fall bestätigen Sie die Sichtweise des Klienten, im zweiten Fall bestätigen Sie die Sichtweise und implizieren gleichzeitig, dass es ein vorübergehender Zustand ist.

Angenommen …

Angenommen, Sie hätten das Problem gelöst … Das Wörtchen „angenommen“ stimmt das Gegenüber ein, ein Gedankenexperiment zu machen. Die Bereitschaft, sich mit einer Lösung zu beschäftigen, steigt, wenn es nur ein Gedankenexperiment ist und nicht ein Vorschlag, den man befolgen soll.

Statt „Warum“…

gibt es konstruktivere Fragen. Die Frage nach dem Warum gibt dem Gesprächspartner das Gefühl, schuldig zu sein. *Warum hast du das gemacht?* Zudem löst die Suche nach Ursachen eine rückwärtsgewandte Suchbewegung aus. Ersetzen Sie also das „Warum“ durch: *Was ist passiert, bevor …?* und implizieren Sie damit, dass das Problem in einer Beziehung aufgetreten ist. Oder fragen Sie: *Welche guten Gründe gab es für Sie, auf diese Weise zu reagieren?* und stellen damit klar, dass die gezeigte Verhaltensweise für Sie ein Lösungsversuch war, auch wenn er missglückt ist.

Offene Fragen

Gab es Ausnahmen vom Problem? – „Nein!“

Schade. Eine geschlossene Frage ist eine Einladung, nur kurz mit „Ja“ oder „Nein“ zu antworten. Wenn Sie Ihren Gesprächspartner motivieren möchten, intensiv nach Ausnahmen zu suchen, fragen Sie: *In welchen Situationen hat es Ausnahmen gegeben?* Hier kann eine Geschichte folgen, die einen „Lösungsfilm“ zu entwickeln hilft.

EVALUATION

Evaluation ist kein Zauberwort, mit dem alles gelöst werden kann, Evaluation ist aber auch kein Modebegriff, den man ruhig wieder schnell vergessen darf. Evaluation ist eine sehr gute Möglichkeit, sein Handeln zu optimieren und nachhaltig zu machen.
Wir möchten Sie anregen, Ihr Handeln tatsächlich zu evaluieren, indem Sie sich in regelmäßigen Abständen Rechenschaft über Ihr bisheriges Verhalten ablegen. Dazu brauchen Sie keine langen Befragungen, sondern nur eine bewusste und kritische Prüfung Ihrer Arbeitsschritte und der Ergebnisse.

1. Gehen Sie am Ende der **TO-DO-LISTE**, die Sie verwendet haben, alle Arbeitsschritte noch einmal kritisch durch.

- Welche dieser Arbeitsschritte haben sich bewährt?
- Welche dieser Arbeitsschritte wollen Sie korrigieren? (Nehmen Sie Veränderungen vor.)
- Gibt es Arbeitsschritte, die Ihnen fehlen? (Ergänzen Sie.)
- Gibt es Arbeitsschritte, die für Sie überflüssig waren? (Streichen Sie.)

Verändern Sie Ihre To-do-Listen so, wie Sie für sich die Arbeitsschritte in Zukunft anlegen wollen. Fixieren Sie diese Listen schriftlich.

2. Überprüfen Sie nun den **WERKZEUGKASTEN**:

- Welche Werkzeuge waren hilfreich?
- Welche Werkzeuge waren überflüssig?
- Welche Werkzeuge haben Sie verändert?
- Welche Werkzeuge haben Sie ergänzt?

Legen Sie für sich einen Ordner zum Thema „Beratungsgespräche" an, in dem Sie Ihre Werkzeuge dokumentieren. Sie sollten Ihre Werkzeuge auch auf Ihrem Rechner in einer Datei speichern, damit Sie später schnell darauf zurückgreifen können.

3. Diese **EVALUATION** hilft Ihnen in Ihrer schulischen Praxis nicht nur, Zeit bei der Planung und Vorbereitung von Beratungsgesprächen zu gewinnen, sondern auch, beim nächsten Beratungsgespräch noch gezielter und professioneller zu beraten (Sie wissen, wo Schwierigkeiten entstehen könnten).

Wir wünschen Ihnen bei Ihren Beratungsgesprächen viel Erfolg!
Wenn Sie uns Tipps oder Hinweise geben wollen, wie wir unseren „Erste-Hilfe-Koffer" noch verbessern können, freuen wir uns sehr! Schreiben Sie an:

Cornelsen Schulverlage GmbH
Redaktion Pädagogik
Mecklenburgische Straße 53
14197 Berlin